현직 초등교사가 교육칼럼을 통해 생생히 들려 주는
자녀의 학습교육 · 인성계발 · 생활습관교육 **완벽 가이드북!**

내 아이 공부심리를 알면 성적이 쑥쑥!

초등학생 공부심리

정명숙(서울 유석초교 교사) 지음

채움북스

우리 아이만의 금광을 캐내세요!

"우리 아이가 학교에서 어떻게 생활하는지 참 궁금해요. 학교 현장에서 일어나는 이야기들을 엮은 책이 있다면 자녀교육에 도움이 많이 될 것 같아요."

초등학교에 자녀를 입학시키면 부모님도 똑같이 초등학생이 됩니다. 호기심이 왕성한 아이들처럼 학교에서 일어나는 모든 것이 궁금증의 대상이고 속속들이 알고 싶어합니다.

하지만 자녀의 학교생활을 엿볼 수 있는 공식적인 기회는 학부모 공개수업 때뿐입니다. 이 경우 뒤에서 엄마 아빠가 지켜본다는 의식 때문에 자녀의 참모습을 보기가 어렵습니다.

평소에는 교실을 휘젓고다녀 수업을 방해하던 말썽꾸러기가 이 날만큼은 완전 모범생이 되어 똘망똘망 발표를 잘하는 반면, 되려 잘하던 아이는 잔뜩 주눅이 들어 꿰다놓은 보릿자루처럼 앉아 있기만 해서 부모님의 속을 태우는 경우도 있으니까요.

아이들은 말합니다. 선생님이 지켜볼 때보다 부모님이 보실 때 더 떨린다구요.

예전에 똑같은 수업을 선생님과 학부모님을 대상으로 두 번 공개한 적이 있습니다. 선생님이 계실 때는 살판난듯 분위기를 주도하던 아이들이 부모님 앞에서는 완전 주눅이 들어 제 실력을 발휘하지 못하더군요.

부모님이 자기에게 거는 기대가 얼마나 큰지를 잘 알기에 부담감 백 배였던 탓이지요. 행여나 이런 아이들을 붙잡고 '누구처럼 발표도 못하느냐!' 고 타박했다면 당장 반성하십시오.

단 한 번의 수업 참관만으로 평가해서는 절대 안 됩니다. 초등학교의 연간 수업 일수는 205일입니다. 하루 와서 잠깐 본 것으로 자녀의 학교생활을 단정짓는 것은 '장님이 코끼리 다리 만지는 격' 입니다. 단 하루보다는 남아 있는 204일의 모습이 더 중요하니까요.

그래서 엮었습니다. 짧은 시간에 볼 수 없는 204일의 숨은 이야기들을…….

　아침자습시간, 교과시간, 쉬는시간, 급식시간, 현장학습시간 등 하루 일과를 통해 아이들은 어떤 생각을 하는지, 무엇이 아이들을 기쁘게 하고 슬프게 하는지 아이들의 심리를 엿볼 수 있는 좋은 기회가 되리라 생각합니다.

　어른들은 그냥 넘겨 버리는 사소한 일에, 사소한 베풂에, 사소한 관심에 아이들은 마냥 행복해한다는 것을 느끼게 될 것입니다. 1학년부터 6학년까지 아이들의 모습이 골고루 담겨 있어 학년에 따른 심리도 엿볼 수 있으리라 믿습니다.

　가르침을 업으로 삼고 있는 교사의 힘의 원천은 아이들입니다. 삶에 지칠 때 힘을 솟구치게 하는 것도 아이들이고, 가르침을 몇 배로 되돌려 주어 보람을 느끼게 해 주는 것도 아이들입니다.

　현장에 있다 보면 정작 교사를 힘들게 하는 것은 아이들이 아니라, 기성세대가 묶어놓은 낡은 제도이고 어른들의 고정관념과 편견들입니다.

아이들은 생각보다 어리지 않고 어른보다 더 현명할 때도 많습니다. 기성세대들은 풀지 못하는 어려운 문제를 아주 간단한 방법으로 해결하기도 하거든요. 가르쳐야 할 제가 되려 배울 때가 많습니다. 이래서 시인 워즈워드가 '어린이는 어른의 아버지'라고 했던 모양입니다.

제가 아이들과 함께 시간을 보내면서 에너지를 듬뿍 얻듯이, 부모님들께서도 이 책에 등장하는 평범한 아이들의 모습을 통해 내 아이의 가능성을 발견하는 귀중한 시간이 되길 바랍니다.

남의 재능을 뒤따라 다니느라 시간 낭비하지 마시고, 땅 속에 숨어서 캐 줄 날만을 기다리고 있는, 반짝이는 우리 아이만의 금광을 캐내십시오. 프랭클린 루즈벨트의 명언을 되새기면서…….

"사람은 자기의 장점을 키우는 데 힘써야 한다. 땅 속에 무진장의 금광이 들어 있듯이, 사람의 정신 속에도 파면 팔수록 빛나는 재능이 들어 있다. 노력만이 나의 재능을 빛낼 수 있다."

제자들의 금광을 캐내고 싶은 저자 **정명숙**

제2장 학교생활과 관련된 이야기 10 & Tip

제3장 학교행사와 관련된 이야기 8 & Epilogue

제 1 장

교과와
관련된 이야기
10 & Tip

고환은 알아도 불알은 몰라요

"고환을 일상적으로 이르는 말이 뭐게? 두 글자야."

낱말퀴즈 문제가 출제되자마자 여학생들의 입에서 이구동성의 비난이 쏟아졌다.

"어우, 변태~."

"저질~."

"넌 그런 야한 것만 내냐?"

"선생님, 저런 낱말을 퀴즈로 내도 되나요?"

여학생들이 볼멘소리를 하자 문제를 낸 환이가 의기양양하게 대답했다.

"이거 국어사전에 있는 낱말이거든? 고환은 보건 시간에 배운 단어잖아."

그러자 한 남학생이 "고추 아냐?"라고 되물었고, 교실에는 또한 번의 술렁임이 일었다.

"어우~."

"선생님, 남학생들 좀 어떻게 해 보세요."

여학생들은 귀를 쫑긋하면서도 입에는 "어우~"라는 소리를 연실 매달았다. 하지만 변죽만 요란할 뿐 정답은 나오지 않고 있었다.

"정답은 '불알' 이야."

결국 환이가 답을 가르쳐 주었다.

"뭐, 불알?"

"그게 고환하고 같은 말이야?"

"처음 듣는 말인데?"

나는 어렸을 때부터 익히 들어와서 친근한 단어인데 아이들은 생소한 모양이었다. 끼어들어 '전구' 를 북한 말로는 '불알', 경상도 방언으로는 '봉알' 이라고 설명하려다 그만두었다.

국어 시간의 극대화된 학습 효과를 노려 보았자 가뜩이나 격앙되어 있는 여학생들이 선생님도 함께 변태라는 말로 몰아붙일까 걱정되어서였다. 나중에 조금 흥분이 가라앉으면 하려고 뒤로 잠깐 유보해 두었다.

어쨌든 개인적으로는 한자어로 우아하게 포장한 睾丸(불알 고,

둥글 환)보다는 그냥 불알이라는 우리말이 더 친근하게 와 닿는다. 그리움의 대상인 할머니께서 자주 쓰시던, 고향 같은 단어라서 더욱 그런 건지도 모르겠다.

부모님의 권유로 방학 때 친구들과 함께 포경수술을 할 거라는 환이는 온통 그쪽에 관심이 쏠렸던 모양이다. 국어사전에서 찾은 낱말이 온통 '불알, 포경, 고래' 등이었으니까.

어쨌든 '불알'을 찾은 환이 덕분에 우리 반 아이들과 나는 한참을 웃었고, 낱말퀴즈는 활력소가 되어 교실 분위기를 활기차게 업그레이드시켜 놓았다.

처음 낱말퀴즈를 시작하게 된 취지는 국어사전을 활용하여 어휘력을 높이자는 심산이었다. 책 속의 지문을 읽은 뒤에 이해하기 어려운 낱말의 뜻을 국어사전에서 빨리 찾는 단순한 시간이었다.

처음에는 아이들이 사전에 익숙하지 않아 투정을 많이 부렸다.

"'귀제비'는 어디에서 찾아요?"

"'예사말'은 아무리 찾아도 없는데요?"

"'꺼부꺼부'는 사전에 안 나오는 거 아니에요?"

이랬던 아이들이 시간이 지날수록 낱말을 찾는 속도가 빨라지고 개수도 늘어났다. 빨리 찾기와 어려운 낱말을 동시에 찾아야 하는 규칙을 게임이라고 생각한 모양이었다. 교과서로 한정한 어

14

려운 낱말퀴즈 게임을 너무도 쉽게 터득한 걸 보면…….

그래서 난이도도 높일 겸, 분위기도 전환할 겸 국어사전에서 무작위로 찾아보라고 하였더니 다양한 아이들의 모습만큼이나 낱말의 관심사 또한 제각각이었다.

삼국지를 좋아하는 아이는 제갈량의 '삼고초려'를, 공룡 마니아는 '쥐라기'를, 한자 급수 따기에 열심인 아이는 '발문검색'의 고사성어를, 의성어 의태어에 재미들린 아이는 '들쭉날쭉'을, 체육을 잘하는 아이는 '릴레이 선수'를, 포경수술을 앞둔 환이는 '불알'을 찾아내었다.

아이들은 문제가 출제될 때마다 "와, 대단한데!" "오, 제갈량이 그런 인물이었어?" 하고 추임새를 넣으며 좋아라하였다.

아이들은 게임이라면 사족을 못쓴다. 고리타분한 국어사전을 놀이화하면 게임인줄 알고 푹 빠진다. 그래서 달인도 탄생한다.

낱말을 빨리 찾는 '찾기의 달인'이 탄생하는가 하면, 어떤 문제든지 척척 맞히는 '맞히기의 달인'도 탄생한다. '찾기의 달인'이 되는 아이는 평소에도 몸동작이 날랜 아이이고, '맞히기의 달인'이 되는 아이는 있는 듯 없는 듯하지만 독서량이 많은 아이이다.

아이들이 인정한 달인은 더 나아가 회장으로도, 모범어린이로도 뽑히니 낱말퀴즈의 위력이 얼마나 대단한지 짐작할 수 있을 것이다.

낱말은 보통 문장의 문맥을 통해 이해하는 게 기본이지만, 꼭 사전을 찾아 확인해야 하는 것도 있다는 것을 알려 주고 싶어 시작한 낱말퀴즈!

찾는 재미와 맞히는 재미, 두 마리 토끼를 잡을 수 있는 낱말퀴즈는 해악이 발견되지 않는 한 앞으로도 쭈욱 계속될 것이다.

국어사전으로 어휘력의 참맛을…

" '이마나 뒤통수가 남달리 크게 튀어나온 머리통'을 뜻하는 낱말은 무엇일까요? 정답은 두 글자입니다."

맞히는 사람에게는 이번 시간 학습목표를 칠판에 쓸 기회를 준다고 했더니, 순간 교실 안 공기가 후끈 달아오릅니다.

어른들에게는 별거 아닌 거 같지만, 아이들은 자기 글씨로 학습목표 쓰는 것을 무척 자랑스러워하거든요.

" '혹' 아니에요?"

"그거 교과서에 있는 낱말인가요?"

아이들이 힌트를 달라고 아우성입니다.

"만화 주인공! ○○는 못말려. 울라울라, 울라울라~."

그제서야 아이들은 한 목소리로 "짱구!"라고 외치며, "짱구가 그런 뜻이었어요?"라며 놀라워합니다.

예전에는 짱구머리가 놀림의 대상이었던 터라 귀에 익숙한 낱말입니다. 하지만 요즘은 납작머리보다는 짱구머리가 예쁘다고 짱구베개까지 이용하는 추세여서 놀림거리가 될 하등의 이유가 없지요. 아이들에게 짱구는 그저 인기짱인 만화영화의 주인공 캐릭터로 존재할 밖에요.

낱말 맞히기에 실패한 아이들은 도전 의식이 샘솟는 모양인지 다른 문제를 내 달라고 아우성입니다. 이왕이면 자기가 읽은 책에서 내 달라고 요청하기도 합니다. 더 나아가 쉬는 시간에 어려운 낱말을 찾아놓고, 제발 출제 기회 한 번만 달라고 강아지처럼 졸졸졸 따라다니기도 합니다. 열심히 낱말을 찾은 흔적이 역력한 국어사전을 디밀면서 말이지요.

여러분의 국어사전은 밤새 안녕하신지요? 아마 대부분 사전류들은 책꽂이의 터줏대감으로 자리잡은 지 오래일 겁니다. 요즘은 휴대도 간편하고 빠르게 찾을 수 있는 전자사전을 주로 쓰기 때문이지요. 그 효용성을 너무도 잘 아는 아이들이 묻습니다.

"전자사전 가져오면 안 되나요?"

글을 쓰는 저도 전자사전 애용자라서 그 누구보다 문명의 이기의 편리함을 잘 알고 있습니다. 검색만 하면 되는 초간단 전자사전은 종이사전에 비해 그 속도가 비교가 안 될 정도로 빠르니까요.

하지만 종이사전은 자음과 모음의 순서를 명확하게 알 수 있게 해 주고, 책장을 넘기다가 우연히 다른 낱말의 뜻도 알게 되는 요행수가 있습니다. 그래서 종이사전은 아날로그지만 늘 곁에 두고 사용해야 할 최고의 국어 공부 교재입니다.

책읽기를 싫어하고 국어의 지문을 얼렁뚱땅 읽던 아이가 이 날말퀴즈로 인해 어휘력도 늘고 책을 가까이 하게 되었다면 날말퀴즈의 힘이 얼마나 대단한지 아시겠지요?

중학교에서 수학을 가르치고 있는 선생님이 이런 말씀을 하시더군요. 제발 초등학교에서 어휘력 좀 길러서 올려보내라구요.

아무리 계산 능력이 뛰어나다고 해도 문제를 제대로 이해하지 못하면 아무 소용이 없다구요. 어휘력이 달리는 학생들은 특히 수학의 서술형 문제에서 꽝이라구요.

서술형이란 뜻풀이 그대로 수와 식이 아닌 문장으로 서술된 형태의 문제를 말합니다. 충분한 어휘력과 문장 이해력이 바탕에 깔려 있어야 풀 수 있는 문제 형태이지요. 흔히 '국어를 잘해야 수학도 잘한다' 는 것도 이런 맥락에서입니다.

어휘력이 부족한 아이, 국어에 흥미를 느끼지 못하는 아이라면 부모님과 함께 국어사전을 이용해 날말찾기 게임을 해 보면 어떨런지요? 자녀는 문제를 내고 부모님은 맞히고, 또 반대로 해 보고… 단순하지만 생각보다 재미있을 것입니다.

'아이엠그라운드 구구단 외기'는
우리 반 전용놀이

강화도로 고구마 캐기 현장학습을 가는 날이었다. 박물관을 구경하며 필기도구를 준비해야 하는, 조금은 부담스러운 현장학습이 아닌, 호미에 모종삽까지 들고 가는 체험학습이라 그런지 아이들은 다른 때와는 달리 유난히 들떠 있었다. 다른 현장학습 때보다 더 떠들었고, 목이 많이 부어 있었던 나는 별로 큰 제지를 하지 않고 그냥 내버려두었다.

그 떠듦의 주범이 구구단 외기 게임이었던 탓이다. 한 팀도 아니고 여기저기서 패를 지어 구구단 외기 게임을 하고 있었다. 옆에 있는 짝끼리가 아닌, 건너편 아이까지 동참해 박자를 맞춰가며 구구단 외기 게임을 하느라 그렇게 시끄러웠던 것이다. 이 좋은 날에 고리타분하게 구구단 외기 게임이라니, 정말이지 아이러니한 일이 아닐 수 없었다.

'구구단 외기 게임'은 내가 만들어낸 놀이다. 우리 반 32명 전체가 일어서서 아이엠그라운드 박자에 맞추어 '이일은 이'부터 시작해서 '구구 팔십일'로 계속 이어가면서 못하면 탈락해 제자리에 앉는 게임이다.

구구단이 2학년 2학기 수학책에 등장하고 아이들은 6단으로 갈수록 버벅대고, 이걸 어떻게 다 외우게 할까 고민하다가 만든 게임이다.

처음 그 게임이라는 걸 했을 때에는 탈락자가 순식간에 생겨서 싱겁게도 몇 분도 안 되어 마지막 한 사람이 가려졌다. 그러나 이제는 상황이 바뀌어 한 시간을 다 주어도 승패가 가려지지 않을 정도로 아이들은 구구단을 잘 왼다.

그도 그럴 것이 구구단만큼은 2학년에서 다 외워 올려보내야 한다는 나만의 고집으로, 며칠은 네가 외울 차례이니 꼭 외워 오라고 개인별 숙제를 낸 탓이었다.

자기 이름이 문서화된 주간학습계획표에 올라가면 그냥 외워 오라고 말한 숙제하고는 아이가 받아들이는 개념 자체가 다르게 된다. 아이들은 긴장을 하고 학부모님들은 구박을 해가며 외우기를 시킨다.

그렇게 힘들게 구구단을 외운 아이는 내가 출근해서 숨도 쉬기

전에 나의 치맛자락을 붙잡고 '구구단 외기는 언제 할 거냐? 고 채근한다.

어떻게 된 게 요즘은 내가 먼저 '숙제했니? 라며 검사하는 것보다 아이들이 나를 졸졸 따라다니며 숙제검사해 달라고 조를 때가 더 많다. 그만큼 자신있다는 거고, 친구들 앞에서 자기의 수고함을 자랑하고 싶은 마음이 크다는 뜻이다.

개인별 구구단 외기에는 아이들을 현혹하는 수학상 도장이 3개나 걸려 있다. 외우기에 성공한 아이들은 공책에 나란히 찍히는 도장을 보며 매우 뿌듯해한다.

처음 개인별 구구단 외기를 시작했을 때에는 속도가 느려서 내가 먼저 이런 속도여야 한다고 시범을 보여 주기까지했다. 내 속도보다 늦으면 못 외운 것으로 하겠다고 했더니, 그 뒤부턴 나보다 속도가 빠른 아이가 많이 나왔다.

그 첫 번째 테이프를 끊은 아이가 개구쟁이 상범이였다. 숨도 안 쉬고 2단부터 9단까지 단숨에 외자 아이들의 눈이 휘둥그레졌고, 구구 팔십일이 끝나자 누가 먼저랄 것도 없이 "오, 상범!"이라는 환호성이 터져나왔다. 자연스레 교실 안은 박수소리로 가득 찼고, 상범이는 순식간에 스타가 되었다.

상범이가 속도를 단축한 뒤로는 너도나도 빨리빨리가 유행이 되어 더 빠르게 외려고 기를 썼고, 상범이보다 더 빨리 외는 아이도 나왔다.

어떻게든 내 규정 속도로만 외면 도장 3개를 받는데, 이제는 그게 문제가 아니었다. 선생님이 아닌 아이들에게 인정받고 싶은 마음이 아이들의 승부욕을 채찍질한 탓이었다.

그렇다. 누구 하나가 먼저 시작하면 그것이 기화점이 되어 불이 확 붙게 된다. 그 붙은 불을 나는 우리 반 아이들 32명이 다 참여하는 '아이엠그라운드 구구단 외기' 로 붙여놓았다.

제일 오래 살아남아 금메달을 따는 아이에게 수학상 도장 3개, 은메달은 2개, 동메달은 1개를 주었더니 그것도 상이라고 아이들은 목숨을 걸었다.

모두 잘 외울 때는 집중력과 심리전에 체력전이 관건이다. 그래서 나는 '정신 집중' 이라는 말을 많이 한다. 못 외워 탈락하는 게 아니라 딴 생각을 하고 있다가 엉뚱한 답을 대어 탈락하는 아이가 많기 때문이다.

개인별 구구단 외기가 모두 끝나 구구단만큼은 자신이 넘쳐 있던 날, 아이들 등쌀에 못 이겨 구구단 외기 게임을 했다.

공부하다 몸이 근질근질할 때 "구구단게임하면 안 돼요?"라고 물어오는 아이들에게 "시간이 없어 안 돼"라고 자르다가 한번 허락을 해 주면 아이들은 단숨에 이 게임을 축제 분위기로 만들어 버린다.

'한 박자 쉬고, 두 박자 쉬고, 세 박자 마저 쉬고, 네 박자 들어 간다. 아이엠그라운드 구구단 외기' 라는 시작 멘트부터 아이들의 눈빛이 심상치 않다.

네 박자에 맞추어 추임새인 얼쑤도 들어가고, 자기만의 독특한 동작으로 눈길을 끌고, 제멋에 겨운 춤도 추고, 자기만의 특이한 세레모니도 하고, 참 재밌게도 게임에 참여한다.

내가 제동을 걸지 않으면 우리 반 전체가 그런 난리를 피울 정 도로 아이들은 구구단 외기 게임을 좋아한다. 박자를 맞추느라 얼 얼해진 손바닥에도 불구하고 몇 바퀴를 돌았는데도 살아남은 아 이들이 많았고, 종이 쳐도 아이들은 쉽게 떨어져나가 주지 않았 다.

그런 오랫동안의 실랑이 끝에 결국 남기가 금메달을 먹고, 예성 이가 은메달을 먹고, 예지가 동메달을 먹었다.

남기의 금메달 소식에 아이들은 "오, 남기!"를 외쳐대었고, 여학 생들의 입에서는 "남기, 다시 봤다!" 하는 말이 흘러나왔다.

그것도 모자라 은메달을 딴 예성이는 특기적성하는 강사 선생 님한테 가서 또 남기 타령이었다.

"선생님, 오늘 있잖아요, 구구단 게임을 했는데요, 남기가 1등 했어요. 남기 정말 다시 봤어요."

그 말에 강사 선생님과 나는 서로 쳐다보며 배꼽이 빠지도록 웃었다. 구구단 외기로 남학생을 다시 보다니? 무엇이든지 1등을 하면 영웅이 되고 멋있어 보이는 모양이다. 이런 아이들의 심리를 알기에 나는 누구든지 멋있어 보이게 하는 프로그램을 많이 운영하려고 한다.

이젠 또 누구를 멋있어 보이게 할까? 숨어 있는 멋진 남학생과 여학생을 발굴해낼 게임을 또 개발해야겠다.

또다시 현장학습 가는 날, 스쿨버스 안이 구구단 외기 게임이 아닌, 또다른 게임으로 떠들썩해진다 해도…….

수학도 게임화하면 즐거운 과목이 됩니다

"구구단을 외자, 구구단을 외자!"

"4×8?"

"32!"

한때 구구단에 가락을 붙인 구구단 외기 게임이 유행했던 적이 있습니다. 그 인기가 차츰 사그라지고 주춤해지는가 싶더니 요즘 또다시 높은 시청률을 자랑하는 TV 오락프로그램에 구구단 게임이 등장해 업그레이드 버전의 구구단 열풍이 불고 있습니다.

요즘의 구구단 게임은 '구구단을 외자'라는 리듬에 맞추는 게 아니라, 대놓고 '6×7?' 하고 물으면 바로 '42!'라고 답해야 하는 게임으로, 바로 맞히지 못하거나 시간이 1초라도 오버되면 게임이 끝나 버립니다. 한 사람이 틀리면 그 모둠 전체가 틀린 것으로 간주되어 그 날의 만찬을 못 먹는 운명에 처하게 됩니다. 그러다 보니 패널들은 죽기살기로 맞히려 하고, 번번이 틀리는 패널이 있어서 만찬은 그림의 떡이 되는 결과를 낳곤 합니다.

26

상식적으로 대학까지 나온 어른이라면 무조건 다 맞힐 것 같지만, 구구단의 천재가 아닌 이상 갑자기 '6×7?' 하고 물으면 엉뚱한 답이 나오기 십상입니다.

똑똑해 보이는 인기 연예인이 틀리는 것도, 맛난 음식을 앞에 두고 먹지 못하는 모습도 보는 재미가 제법 쏠쏠합니다.

왜 이런 프로그램이 인기가 많을까요? 어렸을 때는 구구단 외기가 스트레스였지만 어른들에게는 되려 향수가 될 정도로 여유로워진 탓이지요.

만약 이 게임의 대상이 아이들이라면 어떻게 되었을까요? 뉘 집 자식인지 수학의 기초도 안 가르쳤다고 손가락질부터 하지 않을까요? 아이들은 공부가 주업인 탓에 그것을 못할 때는 질타가 쏟아지는 까닭입니다. 어른이 일을 안 하고 빈둥거릴 때 질타받아 마땅한 것과 같은 이치입니다.

그럼 그 많은 수셈 중에서 구구단 외기는 왜 이렇게 많은 사람의 입에 오르내리고 놀이화되는 걸까요?

구구단 외기가 수학의 난이도를 결정짓는 전환점 구실을 하는 탓입니다. 구구단을 배움으로써 곱셈이 등장하고, 나눗셈이 등장하고, 더 어려운 소수와 분수셈이 등장하는 까닭입니다. 구구단이 나오기 전까지는 두 손과 두 발만 동원해 풀어도 될 만큼 쉽던 셈이 이제는 구구단을 기반으로 하여 두뇌로 싸워야 하는 까닭이지요.

그래서 구구단은 집의 대들보와 같이 중요합니다. 대들보가 부실하면 집이 무너지듯이, 구구단에 자신이 없으면 고학년으로 올라갈수록 수학과 담을 쌓게 되는 이치와 같은 탓이지요.

구구단은 무슨 일이 있어도 꼭 마스터하고 올라가야 할 셈입니다. 재미와 강제성을 반반씩 적당히 섞어서 유도할수록 효율성은 높아집니다. 무조건 외라고 하기보다는 게임과 접목시켜서 가르치다 보면 수학도 재미있다는 것을 느끼게 될 것입니다.

"선생님, 빨리 수학 시간 됐으면 좋겠어요!"

"선생님, 수학이 정말 재밌어요."

이랬던 아이들이 2학년 구구셈이 나오면서 힘들어하고, 3학년 때부터는 수학이 싫다는 아이들이 생겨나고, 더 높은 학년으로 올라갈수록 수학을 포기하는 아이들이 나옵니다. 그렇게 되지 않도록 2학년 때 확실하게 구구셈만큼은 꼭 마스터해야 합니다.

고학년으로 올라갈수록 가장 많이 고민하는 수학!

남학생에 비해 여학생이 더욱 싫어하는 수학!

게임과 접목시켜 성취의 기쁨을 만끽하게 해 주면 수학은 즐거운 과목이 됩니다. 당장 떡볶이를 걸고 부모님과 함께 구구단 외기 게임을 해 보세요.

행주산성 나들이, 참 좋았어요

4월 20일 수요일, 맑음이 대세, 흐림과 황사바람은 간간이

소풍 전날은 행여나 비라도 올까 봐 별이 떠 있나 보고 또 보며 밤새 뒤척였고, 소풍 당일 아침엔 눈을 뜨자마자 창문부터 열어 하늘을 올려다보았던 게 내 어릴 적 모습이다.

애타는 내 맘도 모르고 비라도 흩뿌릴 때면 어깨를 축 늘어뜨린 채 소풍가방 대신 책가방을 들고 한발은 나온 입을 삐쭉물고 학교로 향했다.

그런 내 뒤통수에 대고 엄마는 위로를 한답시고 "니네 교장선생님 이름에 '용 용'자가 들어가 있어서 날만 잡으면 비가 오는 거야!"라고 외쳤다.

어젯밤엔 왜 그 말이 불현듯 떠오른 것인지? 혹시 내 이름 淑(맑을 숙)자에 水(물 수)변이 들어 있어서 비가 오는 것이 아닐까? 나

29

혼자라면 비가 억수같이 퍼붓든 말든 그 상황을 즐기면 그만이겠
으나, 내가 잡은 날짜로 인해 기대감에 잔뜩 부풀어 있던 아이들
34명이 대책없이 공을 치면, 이거 미안해서 어떡하나?

　매스컴에서 10년만에 온 최악의 황사라고 떠들던데, 아이들이
모두 황사바람맞고 바람든 무처럼 못 쓰게 되면 어떡한다지? 이런
저런 걱정으로 밤새 뒤척이느라 꿈마저 바람에 떠밀려가는 꿈을
꾸었다.

　일어나자마자 하늘빛부터 살펴본 현장학습날 아침. 휴우~. 다
행히도 하늘은 해맑게 나들이하기 알맞은 얼굴빛을 하고 있었다.
간간이 중국에서 건너온 황사라는 놈이 심술을 부려서 우리를 날
려 버릴 것같이 왕왕거렸지만 봄바람이라 그런대로 견딜만했다.
지가 불어 봤자지, 우리의 춘흥을 깰 수 있겠어?

　윤중로의 벚꽃은 벌써 우리의 뇌리에서 잊혀진 존재인데, 행주
산성의 벚꽃은 아직도 흐드러지게 피어 그 위용을 자랑하고 있었
다. 하얀 저고리를 입고 낙화할 준비를 하는 삼천궁녀의 비장한
모습이라고나 할까?

　갑자기 애국심이 불끈 솟아오른 나는 벚꽃이 일본의 국화만이
아님을 설명했다. 우리에겐 토종 왕벚나무가 있고 그 자생지는 한
국이라는 얘기를 해 줬다.

그러자 아이들은 '독도는 우리 땅'을 부르기 시작했고, 내친김에 '한국을 빛낸 100명의 위인들'을 부르기 시작했다. 나는 이 애국심에 불타는 제자들 앞에서 결연한 지휘자가 될 수밖에 없었다. 애국심은 정상까지 이어져 권율 장군의 일대기를 보는 과정에서도, 본 뒤에도 아이들은 온통 일본 얘기뿐이었다. 아이들은 내려오면서 올라오는 행락객들과 마주치기라도 하면 "왜놈들이다! 공격하라, 공격!" 하고 전의를 불태우기도 했다.

나도 아이들 마음과 같아서 그 놀이에 동참하고 싶었지만, 겉으로 나오는 말은 "부딪치지 않도록 한쪽으로 비켜서라"였다.

내리막길은 한강이 훤히 내려다보이는 외곽지대여서 바람막이가 없어 참 추웠다. 너도나도 춥다는 아이들의 성화에 무작정 뛰었다. 내가 뛰자 아이들도 덩달아 뛰기 시작했다. 내리막길이라 브레이크가 말을 듣지 않아 속력에 가속도가 붙음은 두말할 나위도 없었다.

나도 잘 뛴다고 뛰었는데 남학생들은 나를 앞질러 벌써 저만큼 내달리고 없었다. 야생마처럼 어찌나 잘도 달리던지. 숨을 헐떡거리고나서 아이들은 이번에는 덥다고 또 난리였다. 자연스레 두 편으로 나뉘어 "더워요, 추워요." 하면서 하산을 했다.

그 여흥이 가시지 않았는지 아이들은 바람 부는 밖에서 밥을 먹겠다고 고집을 부렸다. 그것만은 안 된다고 아이들을 모두 스쿨버스에 가둬놓고 밥을 먹였다.

갑갑증을 참지 못한 아이들은 밥을 먹자마자 밖으로 튀어나가서 신나게 놀았다. 쑥 캐는 아이, 공 차는 아이, 떨어진 나뭇가지로 총싸움하는 아이, 잡기놀이하는 아이 등 가지각색이었다.

지칠 줄 모르고 뛰어놀았다. 행여나 황사에 몸이라도 상할까 씌워 준 마스크는 어디로 갔는지 보이지 않았다. 최악의 황사도 아이들 앞에서는 무용지물이었다.

나이가 들면 불가능하다 싶은 일, 조금이라도 손해보는 일에는 아예 쭈그러지는데, 불이익에 전혀 개의치 않는 아이들의 무모함이 싱그럽고 밝아 보였다. 그래서 우리의 미래는 밝은 게 아닌가 싶은 생각이 들기도 했다. 지금 행주산성을 수놓고 있는 연둣빛 새순처럼…….

황사바람이 때로는 좋은 일도 한다더니(황사에는 알칼리성을 띠는 석회, 산화마그네슘 등의 물질이 포함되어 있어 산성토양을 중화시키고 미량의 칼륨, 칼슘, 마그네슘 등이 어패류 등 해양생물의 영양분이 된다고 함) 내게는 젊음을, 아이들에게는 가능성의 미래를 점칠 수 있어 아주아주 기분 업되었던 행주산성 나들이였다.

현장체험학습으로 사회의 재미를···

"사회는 왜 이렇게 어려워요?"

"뭐가 뭔지 하나도 모르겠어요."

"사회만 열나게 공부했는데 점수가 엉망이에요."

그렇습니다. 사회라는 교과는 너무도 광범위해서 가르치기가 만만치 않습니다. 그러다 보니 그것을 받아들여야 하는 아이들도 힘들어하기는 마찬가지입니다.

그도 그럴 것이 저학년 때는 '슬기로운 생활'로 통합 운영되던 쉬운 교과가 중학년으로 올라가면서 사회와 과학으로 나뉘어 내용이 전문화되기 때문입니다.

갑자기 지역사회 단원이 나오고, 과거 5천 년 역사가 등장하고, 세계사로 범위가 넓어집니다. 지금 현재의 사회현상도 이해하기 벅찬데 지나간 우리나라 역사뿐만 아니라 세계사까지 섭렵해야 하니 과부하가 걸릴 수밖에요.

어른들이야 중·고등학교를 거쳐 대학까지 마침표를 찍은 터라

33

국사·세계사가 연대별로 연결고리를 지어 자연스럽게 이해된다지만, 생소한 것을 한꺼번에 익혀야 하는 아이들은 뒤죽박죽 뭐가 뭔지 감을 못 잡는 것이 당연합니다.

예를 들어 볼까요?

옛날에는 가족의 형태도 대가족과 핵가족 단 두 분류만으로 가능했는데, 요즘은 독신 가정, 1세대 가정, 2세대 가정, 3세대 가정으로 나뉠 정도로 다양해졌습니다.

가장 기본 단위인 가정도 이렇게 복잡해졌는데 다른 것이야 오죽할까요? 이러한 까닭에 아이들은 사회가 본격적으로 분리되는 3학년에서 헤매다가 역사가 등장하는 4학년이 되면 어렵다고 아우성을 칩니다.

아이들만이 아닙니다. 옆에서 공부를 봐 줘야 하는 부모님도 한 걱정입니다.

"모든 것을 체험하게 할 수도 없고, 그렇다고 무조건 외우라고 할 수도 없고……."

그래도 분명한 사실은 교과서의 이론만 접한 아이보다는 그 단원과 관련된 현장을 직접 밟아 본 아이의 학습 효과가 높다는 것입니다.

사회 성적이 아예 곤두박질치던 때에 혼자서 100점을 맞은 학생이 있었습니다. 역시나 현장 체험이 풍부한 아이였습니다.

가족과 함께 가 본 유적지, 전문가가 진행하는 역사캠프를 따라다니며 익힌 산지식을 학습으로 연결한 모범 케이스이지요. 그 학생은 늘 사회 시간만 되면 자신감으로 충만했습니다.

"향교는 지금으로 치면 공립학교, 서원은 사립학교, 서당은 학원이래요."

"의회 체험 교실에 가서요, 직접 시의원이 되어서 조례안도 상정해 봤어요."

하지만 대부분의 가족체험은 그냥 나들이로 그치는 경우가 허다합니다. 가족과 함께 보물 1호인 동대문 쪽으로 놀러 갔다오고도 동대문의 원래 이름이 '흥인지문'인지를 모르는 경우가 허다하거든요. 왜 숭례문(남대문), 숙정문(북대문), 돈의문(서대문)과는 다르게 4자의 이름을 가졌는지에 대해서는 관심도 없지요. 장소만 유적지로 택했을 뿐 그냥 의류 쇼핑이 목적이었던 탓입니다.

선택한 나들이 장소가 교육과정과 관련된 곳이라면 이왕이면 '사회학습 플러스 즐거움'을 가져올 수 있는 나들이 계획을 짜십시오.

그렇다고 매 주말 아이의 현장체험을 위한 장소로만 갈 수는 없겠지요. 여건이 되지 않는다면 집에서 인터넷 홈페이지를 방문해 공부하는 것도 차선의 방책입니다.

　요즈음은 아이들 눈높이에 맞춘 어린이용 사이트가 잘 만들어져 있습니다. 국립중앙박물관의 경우도 어린이박물관 코너가 따로 있어 쉽게 공부할 수 있습니다. 아이들용 학습게임을 어른도 해보면 꽤 재미있을 겁니다.

　현장체험학습이든 사이버학습이든 체험 후에는 반드시 체험 결과를 기록하게 하는 것이 중요합니다. 고학년으로 올라갈수록 일기 쓰기를 싫어하는데, 이런 체험 형식의 기록문을 쓰게 하면 아이들은 쉽게 일기장의 면을 채울 것입니다. 입장권과 함께 팜플릿도 붙여놓는다면 일기장은 더욱 풍성해집니다.

　수학보다 더 어려워하는 사회, 점수 차이가 극과 극을 달리는 사회, 현장체험학습으로 해결하십시오. '百聞不如一見'의 진리를 명심하십시오.

스피노 사우르스의 몸무게는
360명의 무게와 같다

2학년 '슬기로운 생활' 시간이었다. '자기가 좋아하는 동물 소개해 보기'라는 주제가 나와서 여느 때와는 달리 무척 좋아라했다.

솔직히 이전까지만 해도 동물에 대한 지식이 아이들보다도 짧아서 교과서에 나온 동물 이외에는 별로 흥미가 없었다.

나이가 들면 살아 움직이는 동물보다는 지긋이 한자리를 지키고 있는 식물이 더 좋아지는 탓이다. 두 발 달린 짐승인 사람보다 자연이 좋아진다면 늙은 증거라고 하지 않던가?

자연은 아니, 산은 늘 정도를 걷고자 하는 내게 태클이 걸릴 때, 어느 새인가 남의 탓만 하는 못난 자신을 발견할 때, 엉킨 실타래처럼 심정이 이루 말할 수 없이 복잡할 때 내게 해결책을 준 스승이었다. 그런 큰 산이기에 그 곳에 뿌리를 박고 살고 있는 식물들은 자연스레 나의 애정 목록이 되었다.

그래서 식물에 대한 지식만큼은 좀 있다고 자부하고 있고, 그 분야의 얘기만 나오면 침을 튀기면서까지 열변을 토한다.

하지만 아이들의 반응은 나의 열성에 비해 너무도 심드렁하기 그지없다. 핫도그처럼 생긴 물가의 식물, 부들에 대해 가르쳐 주면 물 위를 멋지게 스케이트 타는 소금쟁이에 정신이 팔려 있고, 참나무 종류에 따라 잎의 크기가 다름을 설명할 때는 주위를 어슬렁거리는 사슴벌레에 혼이 쏘옥 빠져서 나는 사슴벌레만도 못한 강사가 되는 탓이다.

아이들은 이렇게 꼼짝않고 제자리를 지키는 식물보다는 바지런히 움직이는 동물을 좋아한다. 그런 성향을 잘 알고 있기에 아이들의 주관심사인 동물에 대해 지식 좀 쌓아두어야지 해도 일부러 시간을 내어 공부하지 못했다.

그런데 이번에 이 단원을 위해 사전 공부라도 한 것처럼, 요즘 내가 끙끙거리며 써 주고 있는 과학논술 문제가 동물에 관한 것이기 때문에 즐겁게 아이들과 동물에 대해 논할 수 있었다.

먼저 내가 논술 문제를 낼 때 가장 힘들어했던 공룡에 관한 질문을 던졌다.

공룡이라면 아기공룡 둘리밖에 모르던 나는 육식공룡과 초식공룡에 대한 자료를 여기저기 다 뒤져가며 지식을 체득하여 가장 큰 공룡도 알게 되었고, 그 유명한 티라노 사우르스도 서열 3위밖에 안 된다는 사실을 알고는 혼자서 대단한 발견이라도 한 것처럼 콧노래까지 불렀다.

그것이 나만의 지식으로 사장되지 않고 내가 사랑하는 제자들에게 알려 줄 절호의 기회가 왔으니 이 얼마나 신바람나는 일인가?

"얘들아, 육식공룡 중에서 가장 몸집이 큰 공룡이 뭐게?"

내가 문제를 내자 아이들은 너도나도 티라노 사우르스라고 말했고, 공룡에 대해 해박한 지식을 가진 아이는 내가 모르는 공룡 이름을 줄줄이 대었다.

"아니야, 티라노 사우르스는 3위로 밀려났어. 1위는 스피노 사우르스라는 공룡이야. 몸길이가 17m, 몸무게가 9톤(t)이나 된대. 정말 어마어마하지?"

아이들은 9t이라는 무게가 얼른 체감으로 다가오지 않는지 '얼마나 무거운 거냐?' 고 물어왔다.

"9t이면 9,000kg이니까, 가만 있어 보자……."

우리 반 아이 중에서 몸집이 작은 아이들의 몸무게를 일일이 물어보았다. 작은 아이들을 비교 대상으로 놓아야 배수가 커지고 그만큼 효과가 극대화되기 때문이다.

"아현이의 몸무게가 어림하면 20kg이네. 저울 한쪽에 스피노사우르스가 타고 반대쪽에 아현이가 450명 탄 것과 똑같은 무게야."

450명이라고 하자 그 때서야 아이들의 입에서 탄성이 터져나왔다.

"아현이가 450명씩이나요? 이야~!"

9t이라고 할 때는 그저 형식적으로 와~ 하더니 20kg의 아현이가 450명 올라타야 한다고 하니 교실은 완전 탄성의 도가니였다. 한쪽에는 공룡이 올라타고 다른 한쪽에는 아현이가 450명 올라탄 저울을 상상하는 것만으로도 아이들을 흥분으로 몬 탓이다.

"내 얘기 더 들어 봐. 우리 학교 전교생이 모두 360명이잖아. 한 사람 당 평균 몸무게를 25kg이라고 치면 전교생이 다 올라간 것하고 똑같기도 해."

비교 대상이 우리 반에서 벗어나 우리 학교 아이들 전체로 점층되자 아이들의 흥분도 비례해 커져 갔다.

"우와~, 1학년 동생부터 6학년 형들까지 다 올라가요?"

"선생님, 당장 공룡하고 우리 학교 학생들을 저울에 재 봐요!"

"그렇게 큰 저울은 어디 가면 살 수 있나요?"

이렇게 아이들은 추상적인 숫자에는 별 감흥을 보이지 않다가도 구체적인 물증을 제시하면 그 어마어마한 숫자에 감동해서 그 공룡이 실제로 있는 듯 착각하며 저울에 세우고 싶어한다.

아이들이 흥분의 도가니이니 나 또한 같이 흥분되어서 공룡과 우리 학교 아이들을 다 올려놓고 잴 수 있는 저울이 있으면 얼마나 좋을까 하는 상상을 했다.

아이들과의 교육은 이래서 즐겁다. 나도 덩달아 순수해지기 때문이다. 어른에게 이 문제를 물어보았다면 '그 돈도 안 되는 웬 씨나락 까먹는 소리냐고, 그 시간에 한 푼이라도 더 벌 생각을 하라!'고 핀잔이나 한보따리 받았을 것이다.

아이들도, 나도 흥분으로 몰아넣었던 공룡 시간이 끝나자마자 아현이가 내게 다가오더니 꾸벅 인사를 했다.

"선생님, 새로운 정보를 가르쳐 주셔서 감사합니다."

아현이는 늘 즐겁게 공부를 하고 나면 내게 감사하는 아이다. 감사는 아현이가 아니고 되려 내가 해야 할 것 같다. 아이들에겐 새로운 지식이었겠지만, 나는 동심으로 돌아가 한껏 순수한 웃음을 날린 유쾌한 시간이었기에. 다음에는 또 어떤 문제로 아이들과 사심없이 웃어 볼까나?

과학은 실험이 최고의 덕목입니다

"오늘은 실험 안 해요?"

"과학실에 가서 실험하면 재밌는데……."

아이들이 과학을 좋아하는 이유는 실험을 통해 그 과정을 직접 관찰하고 명쾌한 답을 얻을 수 있기 때문입니다. 게다가 각종 실험 도구가 즐비한 과학실에 앉아 실험을 하다 보면 자신이 과학자라도 된 듯한 뿌듯함도 한몫합니다.

아이들이 과학실에서의 실험을 좋아하다 보니 규칙을 정해놓아도 다투는 일이 종종 생겨납니다. 한 모둠에 4명씩 배치가 되지만, 초간단 실험일 경우엔 한 번도 실험 기구를 만져 보지 못하고 지켜보기만 해야 하는 아이가 생겨납니다. 순번을 정해 실험하기로 되어 있지만 욕심 많은 아이가 규칙을 어기고 혼자 독차지한 탓입니다.

그러다 보니 아주 사소한 일에도 민감해져서 실험 자체보다는 자기가 못해 본 것에 대한 속상함에 다투는 일도 종종 있습니다.

그래서 4명이 아닌 2명이 실험을 할 수 있도록 해 달라는 건의사항도 생겨납니다. 그랬으면 오죽 좋겠습니까마는 학급 당 인원 수도 많고 실험 기구도 부족한 학교 실정상 그림의 떡일 뿐입니다.

하지만 2명이든 4명이든 분명한 것은 실험 없이 이론만으로 가르쳤을 때보다는 실험을 한 뒤에 시험을 보면 평균 점수가 백이면 백 모두 올라간다는 사실입니다.

시각, 청각, 촉각, 미각, 후각의 오감을 통해 받아들이는 학습 효과가 백점 만점의 백점이라는 뜻이지요. 그러하기에 과학실이 정말 아이들의 실험 공간으로 잘 조성되어 있는 학교는 박수를 듬뿍 받아 마땅하다고 생각합니다.

가난했던 예전과 달리 부자 나라의 대열에 끼이게 되었음에도 여전히 과학실이 예전과 같이 8~10명 모둠에 수도 시설 하나 없는 그저 자료실 역할만 하는 학교가 많다면 우리 교육계, 반성 많이 해야겠지요?

하지만 아무리 학교 실험실이 최고로 잘 갖추어졌다 한들 실험할 수 있는 종류는 교과서의 내용으로 한정되어 있습니다. 그러하기에 집에서 자녀와 함께 할 수 있는 간단한 생활과학실험은 실제로 해 보는 게 좋습니다.

집에서 할 수 있는 생활과학실험

- 보라색 양배추로 지시약 만들기

- 냉장고 없이 아이스크림 만들기

- 잡초에 식초물 뿌리기(산성비)

- 콜라가 든 컵에 생선뼈 넣고 관찰하기

- 식초로 글씨를 쓰고 다리미로 다려 보기

- 터지지 않는 풍선 만들기

- 옷핀에 맺힌 물방울로 현미경 만들기

- 패트병에 구멍 뚫어 물 멀리 나가는 실험하기

- 2개의 빨대로 음료수 마시기

- 8개의 똑같은 유리컵에 물을 넣어 실로폰 만들기

콜라에 칼슘을 녹이는 성질이 있어 뼈에 좋지 않다고 잔소리하기보다는 생선뼈가 콜라 속에서 흐물어지는 광경을 눈으로 직접 보게 하는 편이 훨씬 효과적이겠지요.

오감을 통해 익히는 단 한 번의 경험이 어른들의 밑도 끝도 없는 훈계보다 훨씬 더 강력합니다.

과학은 '百聞不如一行'입니다. 백 번 이론으로 설명 듣는 것보다는 한 번 실험해 보는 것이 더 낫다는 얘기입니다.

칼 루이스보다 더 멋졌던
호 · 노 · 훈 · 규 야생마 4인방

5월 4일 수요일,

햇빛이 너무 강렬해서 잡티가 더 늘어나지 않을까 걱정되던 날

반쪽짜리 운동회가 열렸다. 일명 '어린이날 기념 소체육대회'.

하늘을 알록달록 수놓은, 펄럭이는 만국기는 없었지만 노랑, 분홍, 하양, 하늘, 연두, 파랑의 학년별 티셔츠가 그 화려함을 대신했던 소체육대회.

거침없이 내리쬐는 태양 아래서, 유난히 흙먼지가 많이 이는 운동장에서 땟국물이 줄줄 흘러도 좋았던 반나절.

노랑이의 입가에 밀가루분이 묻고, 우리 하양이의 색색 풍선이 발 밑에서 '펑펑펑!' 밟혀 죽어나가고, 분홍이의 무차별 공격으로 터진 바구니에서 '축! 어린이날' 이라는 화려한 축하 세례가 터졌다.

45

그런 시각을 자극하는 요란한 눈요기보다 더 우리의 시선을 일시에 잡아끈 종목이 있었다.

체육대회의 하이라이트! 하양, 파랑 배턴 하나만 있으면 되는 아주아주 단순한 종목! 운동장 타원의 트랙을 따라 구경꾼들을 일시에 몰리게 하는 가공할 만한 파워를 지닌, 더불어 마음까지 하나로 뭉치게 할 수 있는 대단한 경기!

그 위대한 경기가 바로바로 이어달리기이다. 어려운 한자말로 계주(繼走). 저학년부 계주의 마지막 주자는 우리 반 남학생이었다.

늘 점심 먹을 때 적게 먹어서 내게 비리비리하다는 핀잔을 들어야 했던 태호 - 태호야, 너 어디에서 그런 에너지가 솟구치니?

전혀 운동할 것 같지 않게 곱상하게 생긴 광노 - 광노야, 너 진짜 소문대로 운동 잘하는구나!

7대 독자로 할머니의 사랑을 독차지한 상훈 - 상훈아, 너 참 다부지게 잘 달리더구나.

우리 반의 꽃미남 현규 - 현규야, 네 머리가 정말 말갈기같이 멋있었다는 거 아니?

체육을 내가 가르치지 않는 탓에 아이들의 달리기 실력을 알지 못한 내게 오늘 파란색 조끼를 덧입고 달리는 모습은 그야말로 칼 루이스 저리 가라였다. 완전 황야를 달리는, 거칠 것 없는 4마리의 푸른 야생마였다.

칼 루이스는 언젠가 우리 반 아이들에게 퀴즈로 낸 유명인이다.

"우리나라에서 88올림픽이 열렸을 때 9.92초로 세계 신기록을 세운 선수야. 올림픽에 4회 연속 출전하여 무려 9개의 금메달을 따 '살아 있는 전설'로 불리는 미국의 육상 선수이지. 벤 존슨과 라이벌이었고, '20세기 최고 선수'로 선정된 흑인 육상 선수는 누구일까?"

아무도 맞히지 못했다. '칼' 자도 알려 주고 '칼 루이' 세 자까지 가르쳐 줘도 모르던 육상 선수. 우리 세대에게는 정말 우상이었는데.

그냥 있을 땐 볼품없는 매력 꽝인 흑인이지만, 달릴 때의 모습은 그 어떤 외국 영화배우보다도 더 멋졌던 칼 루이스!

인간이 수렵생활을 하던 그 원시시대부터 유용했던 달리기여서 그럴까? 사냥감을 쫓듯 근육을 씰룩이며 달리는 모습은 가히 환상적이다.

그래서 달리는 이들은 아름답다. 칼 루이스도, 포레스트검프도, 우리 반의 야생마 4인방도… 팔이 안으로 굽어서 그런지 오늘 우리 반 아이들만큼 잘 달리는 선수는 보지 못했다.

어이, 호·노·훈·규 야생마 4인방! 오늘 너희들, 울트라캡숑 짱짱짱 멋있었어. 다리에 바퀴가 달렸나, 어쩜 그렇게 잘 달리니? 너희들의 인생도 오늘의 이어달리기처럼 거칠 것이 없었으면 좋겠다. 선물로 칼 루이스의 명언을 보내 줄게.

"인간은 경쟁 상대가 있을 때 상승 에너지가 솟구친다.

만약 경쟁 상대가 없다면 기록은 퇴화할지도 모른다."

너희들이 나중에 커서 지치고 힘들 때 이 명언을 떠올려 보렴!

건강한 신체에 건전한 정신이 깃듭니다

"이야, 체육 시간이다!"

"체육 안에서 해요, 밖에서 해요?"

체육 시간, 아이들의 얼굴은 그야말로 해맑음 자체입니다. 그러하기에 비라도 와서 바깥으로 나가지 못할 경우에는 상심이 이만저만이 아닙니다.

강당을 쓸 수 있으면 그나마 괜찮지만, 그것마저 여의치 않을 경우엔 데모라도 일어날 것같이 분위기가 험악해집니다. 다른 과목시간을 잡아먹는 것은 괜찮지만 체육만큼은 용서가 안 되는 까닭입니다.

"우리끼리 체육하면 안 돼요?"

"안 돼, 체육 선생님이 다른 날 보충해 준다고 했잖아."

"그래도 오늘 못하잖아요. 체육 선생님, 미워요~!"

출장으로 인해 체육이 다른 시간으로 대체될 경우 아이들은 퉁퉁 불어터져 괜히 아무 죄도 없는 나를 노려봅니다. 다른 날이고 뭐고 오늘 못하는 게 아쉬워서 원망어린 말들을 무한정 내뱉습니다. 우리 학교의 경우 아이들이 더욱 더 큰 아쉬움을 느끼는 것은 체육을 전공하신 선생님이 가르치기에 재미가 백배인 까닭입니다.

하키 시간에는 정말이지 보는 사람도 무척 즐거운 시간이었답니다. 하드보드지나 신문지로 간이 하키채를 만들어 경기를 할 때는 저도 동참해 함께 뛰고 싶더군요. 다칠 위험도 없는 데다가 평소에 접하기 힘든 하키라는 경기를 경험할 수 있으니까요.

자기가 만든 하키채를 휘두르며 운동장을 활보하는 모습은 한 폭의 그림 그 자체였습니다. 경기 후 교실에 아이들이 만든 하키채가 굴러다녀서 정신이 없긴 했지만……

방과후학교로, 학원으로 뺑뺑이를 돌다가 늦은 시각에 집에 돌아가는 아이들에게 유일한 운동 시간은 바로 이 체육 시간뿐입니다. 일주일 3시간의 체육 시간으로는 운동량이 모자랄까 봐 점심 시간에는 무조건 밖으로 내몰지만 고것으론 역부족입니다.

체육에 대한 목마름이 깊은 탓일까요? 아이들의 일기장에 많이 등장하는 주제도 바로 이런 체육 시간, 점심 시간에 생긴 일들입니다.

집에서 아빠와 축구, 엄마와 배드민턴을 한 것이 일기의 글감으로 자주 선택되는 것을 보면 그것이 하루의 일과 중에서 가장 즐거운 경험이었기 때문일 겁니다.

회사일로 바빠서 얼굴을 보기 힘든 아빠와 늘상 공부하라고 잔소리하는 부정적인 엄마의 모습과는 다른 까닭이지요.

자녀와 함께 가볍게 운동하는 것, 바쁜 어른들에게는 무척 힘든 일이겠지요? 하지만 자신의 건강, 자녀의 건강을 위해 함께 운동하는 시간을 내어 보기를 권합니다. 아이들의 긍정적인 심리를 조성하는 데 도움이 될 거라 믿기 때문입니다.

싱싱한 생선은 밖에 나와서도 파닥파닥 어부의 손길을 마다하고 뛰쳐나갑니다. 하지만 싱싱하지 못한 생선은 잡히자마자 축 늘어져서 바로 죽음으로 직행합니다.

아이들의 몸과 마음을 건강하게 만들고 싶다면 일주일에 한 번이라도 함께 운동하는 시간을 만드세요. 짧은 시간이지만 아이들은 어른들의 생각 이상으로 행복해하기 때문입니다. 건강한 신체에 건전한 정신이 깃듭니다.

숙쌤반의 작은 학급 발표회

느닷없이 학부모 공개수업 때 학급 발표회를 한다고 공표하자 놀란 아이들이 술렁였다. 특히 남학생들의 입이 한 대뼘은 앞으로 튀어나왔다.

"그딴 것을 왜 해요?"

"그냥 공부하는 것 보여 주면 안 돼요?"

공부 시간에 집중 안 하고 제일 많이 떠들어 분위기를 망치는 녀석이 더욱 더 볼멘소리를 해대었다.

"1학기에는 너희들이 공부하는 모습을 보여 주었으니까 2학기에는 공부 이외에 너희들에게 숨겨진 잠재 능력을 보여 주려고 해. 이건 선생님이 늘 해 왔던 방식이니까 그냥 해라."

"그런 게 어딨어요? 난 장기자랑할 게 없단 말예요."

"분명히 있어. 너희들이 찾아내지 못해서 그렇지. 장기란 게 꼭 춤추고 노래 부르고 하는 게 다가 아냐. 찾아봐."

그렇게 일방적으로 선포해놓고 모른 체 내버려두었다. 죽이 되든 밥이 되든 던져만 놓으면 어쨌든 해냄을 알기에 '무엇을 할 것인가' 가프로그램만 받아놓고 그냥 두고만 보고 있었다.

그렇게 사흘이란 시간이 흘러갔고 리허설하는 날이 되었다. 가프로그램을 칠판에 크게 써놓고 순서대로 나와서 실전처럼 연습하게 했다.

솔로로 신청한 아이는 3분 정도, 그룹인 아이들은 5분 내외의 시간 제한을 두어 40분 안에 23명의 우리 반 아이들 모두가 출연해야 한다는 원칙을 정해놓았기에 시간은 거의 맞아들어갔다.

아이들은 마당극 무대처럼 꾸며진 발표장이 낯선지 많이 쑥스러워하는 눈치였다. 하지만 시간이 흐르고, 자투리 시간을 이용해 틈틈이 연습한 여학생들이 실전처럼 잘해내자 금방 분위기가 훅 달아올랐다. 남학생들의 술렁이는 소리가 들려왔다.

"야, 우리 창피당할 것 같은데?"

역시나 자기네 팀이 심혈(?)을 기울여 짠 연극의 반응이 신통치 않자, 그 대본을 직접 짰던 호용이는 당장 바꾸겠다고 나섰다.

이렇게 하자, 저렇게 하자 팀원끼리 의견이 분분하더니 전래동화 '금도끼 은도끼'를 토대로 한 '나무꾼의 전설'을 탄생시켰다.

그리고 운동을 좋아해 점심 시간이면 늘 공과 함께 사느라 대본도 짜지 않은 건호팀은 발등에 불이 떨어졌다고 생각한 모양인지 내게 종이를 달라고 했다.

건호는 단숨에 전래동화 '토끼와 거북이'와 '별주부전'을 짬뽕시켜 만든 신판 '토끼와 거북이' 대본을 써내려갔다. 즉석 창작이지만 코믹 버전이기에 무척 재미있었고, 건호팀의 연극에도 가속도가 붙었다.

또 사흘이 지나고 드디어 학부모님들을 모시고 학급 발표회를 하는 날이 되었다. 책상을 빙 둘러 가운데에 무대를 만들어놓고 부모님들은 뒤에 서서 구경할 수 있도록 하였다.

종이 울리고 부모님들이 한분 한분 등장하자 아이들은 긴장하기 시작했다. 첫인사말을 맡은 재민이가 발표회의 시작을 당차게 알리자 학급 발표회는 일사천리로 진행되었다.

바이올린 켜는 모습을 처음 보여 준 공영이의 독주가 끝나자 효민이가 클래식기타를 가지고 나왔다. 내가 우스갯소리로 "효민이가 기타와 잘 어울리는 청바지를 입고 왔네요"라고 띄워 주자, 효민이가 대뜸 "선생님이 입고 오라고 했잖아요"라며 솔직히 말하는 통에 장내가 웃음바다가 되었다. 그래서 내가 "맞습니다. 청재킷도 입고 오라고 했는데 제 말을 안 듣네요"라고 해서 더욱 웃음바다가 되었다.

웃음이 터지고 방청객들의 반응이 좋자 아이들은 너도나도 열심이었다.

언제 들어도 신나는 플루트 삼총사 은성, 승현, 명주의 '젓가락 행진곡', 바이올린을 가야금처럼 뜯어 트로트가요 '어머나'를 연주해 많은 박수를 받은 지선, 선호, 소라, 여학생을 괴롭히는 데 쓰이던 물풍선이 토끼의 간이 되어 극적 웃음을 끄집어낸 건호, 헌영, 태훈이의 코믹연극 '토끼와 거북이', 지구 대회를 통과하고 교육청 대회까지 나가서 상을 받은 지수의 통일토론발표, 미래의 소녀시대를 꿈꾸는 유진과 윤영이의 노래, 세계의 희귀한 소식을 뉴스데스크로 알려 준 수빈과 정현이, 옷걸이로 도끼를 만들고 그 도끼가 총이 되는 소품 활용을 잘한 호용, 예빈, 현재, 민규, 성준이의 연극 '나뭇꾼의 전설', 2학기 내내 춤 연습을 해 왔던 안무 5 총사의 특별출연(한 번만 출연한다는 원칙을 세웠지만, 전교생을 대상으로 하는 스키교실에 장기자랑 프로그램이 마련되어 있지 않기에 사장될 것이 아쉬워서 허락했음), 마지막으로 우리 학교 테니스 대표선수로 활약하고 있는 종민이의 야무진 끝인사로 학급 발표회는 끝이 났다.

뒤에서 연방 카메라 셔터를 눌러대며 박수를 쳐 주기에 바빴던 학부모님들은 우리 아이들에게 저런 재능이 있는지 몰랐다며 너무 대견하다고 입을 모았다.

공개수업 때 자기 자녀가 발표도 안 해서 맘 상하고 돌아간 예전보다 훨씬 나았다면서 기분좋은 웃음을 얼굴 가득 머금고 돌아갔다.

부모님들의 열띤 반응에 아이들이 고무되었는지 한참 시간이 지났는데도 아이들의 흥분은 가실 줄을 몰랐다.

"선생님, 우리 한 번 더 해요."

"언제는 이딴 걸 왜 하냐더니?"

"한 번만 발표하고 끝내면 아쉽잖아요."

녀석들도 참. 안 될 것 같은 일을 한번 해 보고 난 뒤에 느끼는 성취감과 그 일을 하는 과정 속에서 이루어지는 끈끈한 유대감을 알기에 나는 이런 일을 기획하고 숱한 반대에도 불구하고 뚝심으로 감행하곤 한다.

애들아, 나중에 어른이 되어 삶에 지칠 때 전혀 못할 것 같은 이런 일도 해낸 적이 있음을 떠올리렴. 분명 위안이 되고 힘이 될 거야.

애들아, 짧은 시간에 학급 발표회 준비하느라 정말 수고 많았어!

발표회는 한 번의 경험으로도
강력한 예능 충격을 줍니다

"선생님, 한 번만 더 하면 안 돼요?"

이 말만큼 교사를 신바람나게 하는 일은 없습니다.

"선생님, 그딴 거 안 하면 안 돼요?"

이 말만큼 교사를 맥빠지게 하는 일은 없습니다.

전자의 경우는 한 번만 더 하게 해 달라고 요청할 만큼 자신감이 넘친다는 얘기이고, 후자의 경우는 아이들이 그딴 거라고 치부할 만큼 강한 거부감이 든다는 얘기입니다.

자신감이 있고 없고는 그것을 얼마나 접하게 해 주었느냐와 밀접한 관련이 있습니다. 생소한 분야라면 아이들은 지레 겁을 먹고 하지 않으려 들 것이고, 익숙한 분야라면 아이들은 신바람이 나서 더 하려고 들 것입니다. 아이들이 어른들보다 잘할 수 있는 게임에 집착하는 경우도 같은 이치입니다.

우리나라에 전화가 처음 들어왔을 때 겁을 먹고 귀신들렸다고 두려워했다지요. 무엇이든 생소한 것은 경외스러운 법입니다. 악기에 두려움을 갖지 않도록 어떤 종류의 악기든 한 가지는 익히게 하는 것이 좋습니다. 굳이 학원을 다니지 않아도 아이들이 곁에 끼고 배울 수 있는 친근한 악기라면 더욱 좋을 것입니다.

음악 발표회 때 폼나는 바이올린보다는 리코더와 하모니카로 동요를 멋지게 연주한 아이가, 요즘 인기짱인 유행가보다는 팝송을 멋지게 부른 아이가 더 많은 박수갈채를 받았다는 사실을 안다면 말이지요. 미술 또한 마찬가지입니다. 발표회 무대 배경을 멋지게 꾸민 일등 공신은 공부 시간에 낙서를 하다가 혼난 아이들이었습니다. 조별 게시판을 꾸밀 때 리더가 되어 진두지휘하던 아이임은 두말할 나위도 없습니다.

언젠가 예고에 입학한 제자가 찾아온 적이 있습니다. 초등학교 때 모둠 게시판을 꾸민 경험이 중학교에 가서는 환경미화부장이 되어 교실을 꾸미는 데 도움이 되었고, 그런 인연으로 예고 미술과에 거뜬히 합격해서 대학도 그 쪽으로 갈 거라구요. 초등학교 때 선생님께서 판을 깔아 주고 자신의 숨어 있는 능력을 끄집어내어 준 게 미술 쪽을 택한 계기가 되었다구요.

난 아무것도 해 준 게 없는데 그런 말을 들으니 미안하기도 하고 왠지 마음이 뿌듯하기도 하고 그렇더군요.

저는 솔직히 미술에는 잼병이지만 칠판을 아이들이 마음대로 활용할 수 있도록 허용하는 편입니다. 아예 한쪽은 아이들의 공간이라고 못을 박아놓았습니다. 그러면 그림 그리기를 좋아하는 아이들은 등교하자마자 칠판에 매달려 멋진 그림을 그려놓습니다. 지우기 아까울 정도로 아이들이 그린 그림의 메시지는 강렬합니다. 아이들 입장에서 그린 그림이라 더욱 설득력이 있는 까닭이지요.

시험치는 날이 되면 '세 번 훑어보지 않고 건성건성 보다간 이렇게 된다'며 혹이 난 머리통을 그려놓고, 기분이 좋을 때는 '짱구가 울라울라 춤추는 모습'을 그려놓아 기분을 상쾌하게 만들기도 하거든요. 공부에는 관심이 없지만 미술에 소질이 있는 아이는 이럴 때 주목을 받아 펄펄 살아납니다.

그러기에 저는 아이들이 무심코 끄적인 낙서쪼가리라도 버리지 말고 줄이 쳐져 있지 않은 공책에 그려서 보관할 것을 권유합니다.

그것을 1년 뒤에 한 권의 화집으로 묶으면 소중한 자산이 되거든요. 장기자랑 때 자신있게 보여 줄 수 있는 자료로도 쓸모가 있습니다. 춤이나 노래 같은 흔한 장기자랑보다 독특한 자랑거리가 되어 아이들의 시선을 한몸에 받음은 두말할 나위가 없습니다.

낙서하길 좋아하는 아이, 당장 낙서장을 따로 마련해 주세요. 또래의 인정이, 선생님의 칭찬이 아이의 숨어 있는 미술 관련 재능을 개발하게 하는 강한 촉매제가 될 것입니다.

비닐봉지와 종이냅킨을 둘러쓴
일류요리사들

11월 19일 토요일, 맑고 밝아 요리하기 좋은 날

내가 유독 못하는 것 중 하나가 요리이다. 난 똑같은 재료로도 형편없는 맛을 창조해내는 데는 일가견이 있다.

그러한 나이기에 요리를 잘하는 사람을 보면 절로 감탄사가 터져나온다. 구정물통 속으로나 들어감직한 재료들로 맛깔스런 요리를 만들어내는 사람을 보면 더욱 그렇다. 특히 그 당사자가 여자도 아니고 남자일 때는 아예 벌어진 입이 다물어지지 않는다.

아이들과 실습을 해 보면 깨물어 주고 싶도록 요리를 잘하는 아이들이 있다. 집에서 배운 것도 아닐 텐데, 어떻게 10살밖에 안 된 아이가 한치의 흐트러짐도 없이 처음부터 끝까지 저렇게 얄밉도록 잘해낼까 하는 생각이 든다. 존경스럽기까지 하다. 특히 개구쟁이짓하던 아이가 그렇게 의젓하게 굴 때면 정말 이 때까지의 모든 과오를 없었던 것으로 하고 싶을 정도이다.

요리 만드는 과정을 지켜보면 여학생보다 남학생이 훨씬 잘한
다. 재료들을 주워먹으며 이거 넣어라, 저거 해라 입으로만 시키
는 쪽은 주로 여학생이고, 꾸역꾸역 영양사 선생님이 시킨 순서대
로 차근차근 쓰레기들을 치워가며 깔끔하게 해내는 쪽은 남학생
이다. 이런 모습을 보면 분명히 부엌살림은 남자가 맡아야 할 것
같은 생각이 든다.

수직선상의 요리 순서대로 한눈팔지 않고 꾸역꾸역 요리에 열
중하는 쪽은 남학생이고, 이것저것 참견할 것 다하면서 있는 수다
없는 수다로 감미료를 치는 수평선상의 요리 쪽은 여학생이다.

불결함을 방지하기 위해 머릿수건만큼은 꼭 써야 한다는 조항
에 즉석에서 비닐봉투나 종이냅킨으로 머릿수건을 급조해 만드는
것은 남학생인 반면 '뭐, 울 엄마도 그대로 하던데.' 하며 긴 머리
를 그대로 휘날리도록 두는 쪽은 여학생이다.

대체적으로 요리를 주도하는 쪽은 남학생이다. 물론 눈에 띄게
손맵시가 야무진 여학생도 있지만 전반적인 분위기로 봐서 남학
생이 요리만큼에서는 우세했다. 그래서 일류요리사는 남자들이
많은 모양이다.

남학생 여학생 성향이 달라도 영양사 선생님은 실습 이래 최고

로 잘한 반이라며 입에 침이 마를 새라 칭찬을 해대고 또 해대었
다.

어쩜 이렇게 아이들이 모두 깜찍할 수 있느냐면서 너무너무 예
쁘다고 하였다. 실습 과정부터 데코레이션까지 잘한 조를 뽑기로
했는데, 잘한 조가 너무 많아 콕 집어내기가 힘들다고 하였다. 나
도 마찬가지였다. 뒷정리를 잘한 조를 뽑기로 하였는데 그것까지
잘해서 뽑아내기가 힘들었다.

요리 잘한 조는 역시 남학생 여학생 가릴 것 없이 호흡이 척척
맞았던 환상의 3조에게 돌아갔다. 청소 잘한 조는 5조와 6조에게
돌아갔다.

3조는 남학생 여학생 모두 요리 과정을 깔끔하게 잘해내 영양사
선생님에게도, 내게도 최고 점수를 받았다. 영양사 선생님은 이 조
는 나중에 커서 함께 음식점을 차려도 될 것 같다고 농담을 하였
다. 나도 그런 생각이 들었다. 만드는 과정부터 접시에 요리를 담
는 과정까지 어찌나 손매가 야무지던지 감탄사가 절로 나왔다.

그렇게 칭찬을 과하게 받으며 열심히 만든 것을 우리 반 아이들
은 자기네들의 몫은 하나도 안 남겨놓고 작년 담임선생님 주겠다
고 바리바리 싸들고 나섰다.

내가, 그럼 다른 선생님이 슬퍼하실 것 같다고 하니까 그래도 1,

2학년 때 가르쳐 주신 담임선생님 갖다 드려야 한다며 너도 나도 접시를 들고 나섰다.

책상 위가 텅 비어 있는 조가 많았다. 요리 못하는 것은 날 닮지 않았어도 속정깊은 것만큼은 날 닮은 모양이다. 자기는 굶어도 남 주겠다고 너도나도 뛰쳐나가는 아이들의 모습이 참 예뻐 보였다. 요리에 최선을 다하는 아이들, 정 많은 아이들을 보며 다시 한 번 자긍심을 느낄 수 있었던 날이었다.

우리 반의 특징이 한번 한다면 하는 반이라서 어느 면에서나 우리 반 아이들을 자랑할 수 있고, 어디다 내놔도 추천할 수 있다고 자부하고 있다.

즐거웠던 토요일의 요리 시간, 종이냅킨으로 머릿수건을 만들어 쓰고, 그것도 없는 아이는 시키면 비닐봉지 덮어쓰고 신나게 요리하는 광경을 숙쌤앨범에 들어가면 볼 수 있다. 집에서도 한번쯤 아이들에게 맡겨 한 끼의 식단을 차려 보게 하는 것도 좋을 것 같다.

부엌에서 요리의 즐거움을 맛보게 해 주세요

"선생님, 5학년에는 실과라는 과목도 있네요?"

"여기에 있는 거, 우리가 다 해 보는 거예요?"

"우와~ 신난다! 빨리 5학년 되고 싶다."

4학년 말에 새 교과서를 받아든 아이들이 이구동성으로 외치는 말입니다.

'실제로 소용되는 것을 주로 한 교과'라는 사전적 의미만큼 실과는 실제로 해 봐야 하는 실습 교과의 성격을 띠는 교과입니다.

하지만 아쉽게도 초등 현장은 학급 당 아동 수의 과다와 실습실의 미비로 실습이 제대로 이루어지지 않는 경우가 많습니다. 기대만큼 실망도 큰 법! 실제로 실과는 '실망하는 교과'라 해도 무방합니다. 우리 반 아이들처럼 엄청 기대를 했다가 실망을 한 5학년 학생들의 장난스런 댓글이 실과 교육의 현실을 적나라하게 대변해 주고 있습니다.

"님, 죄송하지만 꿈깨삼. 바느질이나 뜨개질, 웬만하면 안 해용.

용돈기입장 쓰기, 전자제품 만들기, 가족신문 만들기 잼없거든요? 준비물도 많고 숙제도 많고 적을 것도 많고… 어쨌든 요리 시간만큼은 제일 신난다는 말씀!"

맞습니다. 실과는 실습 위주의 교과라서 시간도 많이 걸리거니와 준비물을 안 갖고 오면 맥이 빠지는 교과이기도 합니다.

그래서 요리 실습이라도 하려면 맘먹고 해야 합니다. 부피가 큰 휴대용 가스레인지부터 소소한 나무젓가락까지 모두 아이들이 준비해 와야 하니까요. 이럴 때는 잘 갖추어진 실습실이 무척이나 그립습니다. 책상을 모아 만든 조리대 위에서 굽고 튀기는 실습은 정말이지 위험천만하니까요. 실습날은 시작부터 끝까지 한시도 긴장을 늦출 수 없습니다.

이와는 반대로 아이들은 실습 시간을 목이 빠져라 기다립니다. 개구쟁이도 얌전이도 모두모두 신바람나는 날입니다. 오감을 이용해 실제로 해 보는 것을 좋아하는 아이들의 특성 탓이지요.

이렇듯 선호도가 높은 요리 실습을 하기에 가장 적합한 장소는 어디일까요? 네, 바로 주방입니다. 위험해서 안 된다구요? 어설프더라도 참고 지켜봐 주세요. 위험한 주방 기구도 안전하게 잘 다루고 어른보다 더 야무지게 뒤처리도 깔끔하게 해냅니다.

맞벌이가 많아질 미래에는 자연스레 여자 남자를 떠나서 누가

먼저랄 것도 없이 시간 여유가 되는 사람이 한 끼의 식사를 차리게
될 것입니다. 그 때 가서 배우려고 하면 너무 늦지 않을까요?

제가 심한 감기몸살로 맥을 못추던 날이었습니다. 한 남학생이
따뜻한 설탕물을 내밀었습니다.

"울 엄마도 제가 타 드린 꿀물 먹고 감기 나았어요. 여기엔 꿀이
없어서 대신 설탕을 넣었어요."

다른 아이들은 선생님의 잔소리에 평소보다 힘이 실리지 않음
을 알고 만판 떠들어 날 더 지치게 만드는데, 이 아이는 진정으로
나를 걱정해 주더군요. '이 아이의 어머니는 얼마나 행복할까?' 하
는 생각을 했습니다. 이런 행동을 가르쳐 준 어머니의 평소의 가르
침이 눈에 선하더군요.

평소 방해가 된다고 집안일을 하고 싶다는 아이를 못하게 하지
는 않으셨나요? 아이가 스스로 일을 도와 주겠다고 나서면 흔쾌히
도와 달라고 하십시오. 만약 귀찮다고 거부한다면 정작 도움을 청
할 때 아이가 외면할 수도 있습니다. 간단한 요리라도 아이와 함께
만드는 재미를 맛들이면 나중에 기쁨이 배가 되어 돌아올 것입니
다. 어른으로서 당연히 주는 즐거움보다는 어설프지만 아이들에
게 받는 즐거움이 더 크거든요. 맛이 아닌 정성에 감동해 본 적이
있나요? 자녀를 믿고 요리를 맡겨 보세요.

1학년 아이들이 고쳐 준 나의 늦잠병

　1학년을 담임하면서 싹 고친 병이 있다. 발령나고부터 쭈욱 계속되던 나의 지병, 바로 '늦잠병'이다.

　'아침 햇살이 창틈으로 내 눈을 비출 때쯤 눈을 뜨고, 해가 중천에 떴을 때 출근했다가 별이 부서져내릴 때쯤 퇴근하는 학교는 없을까?'

　저녁형 인간에 속하는 나는 못다 잔 잠에 대한 아쉬움을 이런 상상으로 대신하곤 한다.

　콘크리트 빌딩숲, 정신없이 돌아가는 복잡함이 싫어서 서울을 뒤로 하고 산좋고 물좋은 경기도 땅에 살고 있는 나는 아침 출근길이 완전 전쟁이다.

　똑같은 시간에 출발했음에도 그 날의 차막힘 상태에 따라 1등으로 출근할 때도 있고, 숨이 턱에 닿아 간신히 수업 시간 전에 교실에 들어설 때도 있다. 안 막히면 20분이면 닿고도 남을 곳이지만 막혔다 하면 주차장이 되는 올림픽도로에서 1시간 넘게 발을 동동거려야 할 때도 있다.

늘 출근 전쟁을 치르는 내게 동료들은 왜 출퇴근하기 쉬운 서울을 나두고 교통편이 시원찮은 데서 사서 고생이냐며 서울로 입성하라고 하지만 난 그럴 생각이 눈곱만큼도 없다. 직장이 아닌 내 집만큼은 좀더 자연친화적인 공간에서 살고 싶기 때문이다.

뭐니뭐니해도 제일 고역인 날은 월요일이다. 차막힘이 장난이 아닌 탓이다. 그럴 것을 감안해서 일찍 서둘러야 함에도 평소 때랑 다름없는 시간에 가면 영락없이 늦게 된다.

정신이 맑은 아침에 학급문고의 책을 읽기로 아이들과 약속했고, 선생님은 그보다 더 빨리 가야 하는데 그게 맘대로 안 될 때가 주말 뒤의 월요일이다.

숨이 턱에 닿아 교문에 들어서면 "아유, 내가 선생님 땜에 못 살아. 왜 이렇게 늦었어요? 기다리느라 힘들었잖아요."라며 하염없이 날 기다리는 여학생이 있고, 또 현관 안으로 들어가면 학교 직원을 붙잡고 "우리 선생님 어디 있어요?" 찾아 달라고 떼쓰는 남학생이 있고, 계단을 올라가면 한뭉태기로 몰려나와 "와~ 선생님 오신다!" 하면서 무슨 큰일이라도 난 것같이 호들갑을 떨며 달려

오는 아이들이 있다.

다른 반처럼 조용히 선생님이 계시건 말건 스스로 아침 자습 시간을 보내고 있으면 좋으련만, 유별나게 티를 내는 탓에 난 여유도 못 부리는 사람이 되었다.

그 어떤 변명도 통하지 않는 1학년이고 보니 나는 늦잠을 자려고 하다가도, 우리 반 예쁜이가 비를 맞고 운동장에서 하염없이 날 기다리고 있을 텐데, 똘똘이가 나를 찾으러 또 돌아다닐 텐데 하는 생각이 들어 어김없이 이불을 박차고 일어나게 된다. 그렇게 하려 해도 안 되던 30분 먼저 출근이 아이들로 인해 되었다.

내가 늘 녹음기처럼 아이들에게 되뇌는 잔소리.

"남에게 피해 주지 마라. 콩 한쪽도 함께 나눠라."

지시와 호통만으로 외동아이 특유의 버릇을 고치려던 내게 아이들은 그네들만의 과한 사랑법으로 나의 잘못된 습관을 고치게 만든 것이다.

사람의 마음을 움직이는 것은 질책이 아닌 지극한 관심임을 아이들에게서 깨닫는다.

학년이 바뀌었음에도 쉬는 시간이면 "선생니임~!" 하면서 달려와 한번 안아 줘야만 가는 1학년 아니, 지금은 2학년이 된 아이들은 알까? 자기네들이 발령나고부터 쭈욱 계속되던 나의 지병인 늦잠병을 고쳐 주었다는 것을?

　내가 아이들을 사랑한 게 아니라 아이들이 나를 더 사랑해 주었다는 것을 깨닫는 아침이다. 학교에 제일 먼저 출근하여 이 글을 쓰고 있으니 말이다.

세계 최고의 지능지수만큼
도덕성도 으뜸으로…

IQ(지능지수) 높은 사람이 학습능력이 뛰어나고 : 80%는 이미 유
전적인 원인으로 결정되고, 20%도 4~6세 전에 결정.

EQ(감성지수) 높은 사람이 사교성이 좋고 : 0~5세 정도에 거의
형성.

SQ(사회성지수) 좋은 사람이 자신감이 강하고 : 선천적인 것보다
는 후천적인 요소가 많고, 또래 친구와 어울리는 3~4세부터
바탕을 만들어나가는 것이 중요.

MQ(도덕지수) 좋은 사람이 성공한다. : 아기 때 시작되어 초등학
교 시절에 거의 완성.

IQ, EQ, SQ, MQ의 공통점은 거의 다 어릴 때 길러지고 결정된
다는 것이지요. IQ는 선천적으로, EQ는 5세에, MQ는 초등학교 때
결정된다고 하니 유아기와 아동기가 얼마나 중요한 시기인지 알
것 같습니다.

이미 유전적으로 결정된다는 지능지수! 세계 185개국의 평균지능지수표를 보면 우리나라는 홍콩 다음으로 높고, 북한 또한 바로 뒤를 이어 3위에 올라 있습니다. 결과론적으로 우리 민족은 대단히 축복받은 유전자임에 틀림이 없습니다. 중국은 12위, 미국과 프랑스는 저만치 21위로 밀려나 있으니까요.

강대국			평균지능지수		
순위	국내총생산(GDP)	국가명	순위	지수	국가명
1	14조2,043억 달러	미국	1	107	홍콩
2	4조9,092억 달러	일본	2	106	대한민국
3	4조3,261억 달러	중국	3	105	일본 북한
4	3조6,528억 달러	독일	5	104	대만
5	2조8,530억 달러	프랑스	6	102	오스트리아 네덜란드 독일 이탈리아

우리나라 지능지수 순위와 강대국 순위가 같다면 얼마나 좋을까요? 지능지수가 한끝 차이인 일본과 어깨를 나란히 하면 얼마나 좋을까요? 그러나 아쉽게도 한국은 GDP 순위가 9,291억 달러로 15위를 차지했다고 합니다.

부존자원이 없는 우리나라로서는 인적자원이 무엇보다 중요합니다. 그래서 우수 인력을 양성하기 위해 허리띠 졸라매가며 뒷바라지하고 있는 것이구요.

하지만 여기서 간과해선 안 되는 게 하나 있습니다. 도덕적인 품행도 지능지수와 똑같은 레벨로 길러 주어야 한다는 것입니다.

'도덕성이 없는 사람은 차라리 재능이 없는 것이 낫다'고 말한 어느 학자의 금언이 생각나네요. 도덕이 바닥에 떨어진 것은 자신들이 잘못 가르친 탓이라며 교육부 장관, 명문대 교수들이 자신의 종아리를 때리던 퍼포먼스 장면도 떠오르네요.

도덕성과 관련하여 한국인과 일본인을 비교한 내용을 올려 봅니다.

한국인	일본인
좋은 옷을 입고 다니는 것을 자랑으로 알지만	평범한 작업복을 입고 다니는 것을 자랑스럽게 여긴다.
크고 으리으리한 집에 사는 것을 자랑으로 알지만	20평 정도 집에서 사는 것에 만족한다.
비싼 외제승용차를 몰고 다니는 것을 자랑으로 알지만	자전거 타고 다니는 것을 상식으로 생각한다.
탈세, 감세를 하려 고 거짓신고가 다반사인데	세금을 꼬박꼬박 내면서 정직하게 살려고 한다.
아홉 번 잘하다 한 번 잘못하면 손가락질하며 따돌리는데	한 번 잘하고 아홉 번 실수를 해도 한 번 잘한 것을 칭찬 격려해 준다.
자기를 높이고 과시하며 상대방을 깔보려 하는데	자기는 낮추고 상대방을 높이려 한다.

수단 방법 가리지 않고 내가 출세해야 자손이 잘 산다고 생각하는데	내가 절약해야 자손이 잘 산다고 근검 절약이 몸에 배어 있다.
모르는 것도 아는 체하고 단독으로 일을 처리하는데	아는 것도 동료와 협의 확인을 하며 전문가의 조언을 경청한다.
개개인이 사치하여 국가는 가난한데	개개인은 훨씬 못사는 것 같지만 국가는 세계 초일류 부강대국이다.
혼자서는 잘하는 것 같지만 여럿이 하는 일엔 싸움이 일어나고	혼자는 형편없어 보이지만 뭉칠수록 단결이 되는 민족이다.

　너무 공부에만 치중하다가 정작 아이들에게 심어 줘야 할 도덕적인 품행을 가르치는 데는 소홀한 것 아닐까요? 미래 사회는 점점 더 도덕성 높은 리더를 요구하게 될 것이라고 합니다. 자신이 모범을 보이며 다른 사람들에게서 헌신과 참여를 끌어내는 도덕지수는 전두엽이라는 곳에서 담당하는데, 전두엽은 어렸을 때 발달된다고 합니다.

　지능지수는 이미 우리 민족이 높은 게 판명났으니까, 미래의 내 아이의 바람직한 성공을 위해서라도 도덕지수를 기르는 데 역점을 두어야 합니다.

　초등학교 시절 완성된다고 하는 도덕지수! 사회적으로 성공한 사람들 대부분은 유머가 풍부한 사람, 남을 배려하는 사람, 친절한 사람, 옳고 그름을 잘 판단하는 사람 등 도덕성이 높은 사람이었다는 점을 명심하시기 바랍니다.

캐나다 어학연수 참관기
-나의 통역관 4인방

1월 20일 금요일, 처음 본 눈 → 순간의 햇살 → 다시 구름

Mrs Johnson에게 '우리 아이들 레벨이 어느 정도냐?' 고 물은 적이 있다.

나의 서툰 영어에도 미세스 존슨은 다 알아듣고 아이들 이름을 하나하나 짚어가며 친절하게 설명해 주었다.

내가 묻는 수준은 '위 스튜던트 잉글리쉬 레벨?'.

이 질문 하나만 봐도 나의 영어 실력이 어느 정도인지 짐작할 수 있을 것이다. 우문현답이라고, 엉터리 영어로 물어도 미세스 존슨은 용케 알아듣고 차근차근 설명을 해 주었다.

가장 잘하는 아이는 엑셀런트라고 엄지손가락을 치켜 올리고, 잘한다 싶은 아이는 굿, 또 그저그런 아이는 소우소우, 마지막으로 못하는 아이는 로우라고 손가락을 아래로 내리며 고개를 흔들었다.

로우 단계이지만 그래도 하려고 애쓰는 아이를 가리키며 미소를 지었고, 아예 하려고도 하지 않는 아이는 로우로우라고 하면서 노트를 보여 주며 화를 내었다.

아예 답을 쓰지 않은 것, 줄을 제대로 그어야 하는데 장난처럼 얽어놓은 것, 학교에서 테스트를 하면 로우로우인데 숙제는 엑셀런트하다며, 홈스테이 가족이 해 준 게 분명하다며 화를 내는 미세스 존슨은 왜 스스로 하려고 하지 않는지 날보고 다짐을 받아오라고 했다.

그래서 아직 문제를 이해하기 어려워서 그랬을 거라고 아이 편에서 변명을 해 주어도 이해하지 못하겠다며 고개를 절레절레 흔들었다. 그럼 여기 왜 왔느냐고 했다. 공부하러 왔지, 놀러 온 게 아니지 않느냐는 것이다. 그 말에는 나도 할 말이 없었다.

영어가 조금 되는 아이는 자꾸 말을 만들어서 하려고 애를 쓴다. 배운 것을 활용할 환경에 와 있는 탓이다. 하지만 나처럼 안되는 부류는 자꾸 움츠리게 되고 단어만 몇 개 조합해서 되지도 않는 콩글리쉬를 해대는 까닭에 늘지를 않는다. 그러면 1년을 왔든 2년을 왔든 레벨이 오르지 않는 것은 당연하다.

고학년으로 올라갈수록, 나이가 들수록 입 떼기가 힘든 것은 당연하다. 어학은 9살 전이 가장 좋다고 한다. 자국의 언어가 입력된 뒤인 9살 이후 제2의 언어를 배우게 되면 두뇌에 인식된 한국어로 걸러서 입력해야 하기에 상당히 배우는 속도가 느리고 힘들다고 한다.

그렇다고 코흘리개를 어학연수시키기는 힘든 법이니까 이왕 어학연수할 거면 제대로 영어를 배운 사람이 오는 게 낫다고 하였다.

예습은 무엇이 됐든 배움의 기본이다. 아예 모르는 것보다는 조금이라도 아는 쪽이 거둬가는 수확량이 훨씬 많다.

나의 경우는 못해서 불편한 점도 있었지만, 이 없으면 잇몸으로 산다고 내 옆에는 통역관 4인방이 있어서 끄떡없었다.

처음에는 다른 어학 캠프에서는 따라붙는다는 통역관이 없는 것에 대해 상당히 불쾌감을 느꼈다. 도대체가 한국인이 이렇게 많은데 한국인 통역관이 없다는 게 말이나 되느냐, 이놈의 교육청은 어학연수생으로 벌어먹고 살면서 어떻게 이렇게 운영할 수 있는가 열을 많이 내고 그것을 하소연하기도 했다.

하지만 방침이 그렇다니 체념할 수밖에 없었고, 막상 부딪쳐 보니까 자연히 길이 생기고 제2의 방법이 생겨났다. 다름 아닌 아이들이 내 통역관이 된 것이다.

솔직히 어려운 단어들은 딱 들으면 뭐를 물어보는지 알겠는데, 광범위하게 쓰이는 동사나 전치사가 여러 개 조합되면 도대체 무엇을 묻는지 모를 때가 많다. 그럴 때 내 통역관이 다 알아서 통역을 해 준다. 영우, 도환, 선용, 동환 4인방이다.

영우와 도환이는 아주 적극적이다. 궁금한 게 있으면 수업 시간뿐만 아니라 액티비티 활동 갈 때도 Mrs Johnson 옆에 붙어서 잘 묻는 아이들이다.

이런 아이들은 금방 배우고 실력도 성큼성큼 는다. 선용이와 동환이는 잘 묻지는 않지만 다 아는 케이스다. 내가 못알아들을 때면 "선생님, 뭐예요?" 하면서 알아서 통역을 해 준다. 어른 통역관이 없으니 아이들이 대신해 주는 셈이다.

'청출어람'이라고 하더니, 잘 키운 제자 열 영어 안 부럽다고 해야 할 것 같다. 이런 제자 하나 곁에 두면 평생 영어 안 배워도 세계 여행은 식은 죽 먹기일 텐데…….

이런 것을 보면 우리 학교의 수준별 영어 수업이 알게 모르게 효과를 보고 있는 셈이다. 5년 동안 영어를 배우다 보니 알게 모르게 귀가 트인 것이다.

하이레벨이든 로우레벨이든 아이들이 나보다 뛰어난 것은 듣기 실력이다. 나는 듣는 귀도 이제 말을 안 들어먹어 미세스 존슨이

빨리 말하면 무슨 말인지 못알아듣는데 아이들은 용케 알아듣는다. 반복 교육이, 원어민 수준별 영어 수업이 아이들에게 알음알음 도움을 주었음을 깨닫는다.

액티비티 있는 날은 내가 바쁜 날이다. 액티비티 가는 곳은 돈을 써야 하는 곳이라 내게 돈을 맡긴 아이들이 5달러, 10달러씩 가져가는 탓이다.

집에서 용돈 기록장 한번 써 본 일이 없는 나는 그래서 바쁘다. 사진 찍으랴, 돈 챙기랴, 아이들 머리 수 헤아리랴 정신이 없다.

한참 놀고 목이 탄 원준이가 물 사먹게 돈을 달라고 하였다. 그러자 도환이가 1회용 컵에 든 물을 마시면서 물은 공짜니까 사먹지 말라고 하였다.

필요한 게 있으면 뭐든 물어보는 적극성을 띤 도환이는 이렇게 물을 공짜로 먹을 수 있는 방법을 찾아낸 것이다. 덕분에 물값은 번 셈이었다.

공짜라는 것이 또 나로 하여금 시험 본능을 발동시키게 했다. 가방에 컵라면이 하나 있길래 능력껏 뜨거운 물을 얻어오는 사람에게 준다고 했더니, 영우와 동환이가 삽시간에 가서 뜨거운 물을 얻어가지고 왔다. 커피 파는 곳에 가서 뭐라뭐라하더니 얻어온 것이다.

컵라면 하나를 셋이서 나눠먹으며 너무도 즐거워했다. 옆에서 멀뚱멀뚱 지켜보고 서 있던 저학년 아이가 왜 형들만 주느냐고 했다.

저게 바로 능력이라고, 뜨거운 물을 얻어왔으니 먹을 수 있는 것이라고 했더니, 나도 그런 것 할 수 있는데 하면서 아쉬워했다. '핫 워터!' 하면 되는데 그게 뭐 어렵냐면서…….

'어떤 과제를 주고 능력껏 해 오기 프로그램이 있으면 참 좋을 텐데.' 하는 생각을 해 보았다. 영어를 배우고 써먹을 수 있는 그런 프로그램 말이다.

특히 액티비티 활동을 나갈 때는 가장 아쉬웠다. 뭔가 성취 동기를 주어야 하는데 그런 프로그램이 빠져 있으니 참 아쉬웠다. 우리 한국 아이들은 근성이 있어서 어떤 과제를 내 주면 참 잘해 낼 텐데…….

영어교육은 어릴 때부터…

지금 생각해 보면 콩글리쉬 수준도 못 되는 내가 아이들을 이끌고 캐나다 어학연수를 갔다온 것은 참으로 용감무식한 행동이었지요.

인솔 교사로서 아무 준비도 없이 간 그 당시의 일을 생각하면 지금도 아찔합니다. 정해진 순번이기에 울며 겨자먹기식으로 가야만 했고, 통역관이 있으니 걱정 말라는 말에 안심하고 갔지만, 한 달간의 어학연수는 역시나 녹록치 않았습니다.

그 점은 아이들도 마찬가지였습니다. 영어가 되는 아이들은 현지에서 아무 불편없이 자유로웠던 반면, 나처럼 입이 떨어지지 않아 의사소통이 부자유스러운 아이들은 과묵하거나 한국인끼리 어울려다니기 일쑤였거든요.

가장 안타까웠던 부분은 우리 아이들을 가르치는 담당선생님과 많은 대화를 나눌 수 없었다는 사실입니다.

간혹 그 학교 교사들과 함께 저녁을 먹는 자리에서도 갑갑하긴 마찬가지였습니다. 통역을 통해 웃어야 했고 통역을 통해 고개를 끄덕여야 했으니까요. 통역이 입을 다물면 순간 정적이 되어 무척 어색한 자리로 변했지요. 마음으로 통하기 힘든 자리였습니다.

아이들도 마찬가지였습니다. 영어가 되는 아이들은 홈스테이에서도 자유로웠지만, 영어가 안 되는 아이들은 무척이나 힘들어했습니다.

음식도 안 맞고, 대화도 안 통하고, 향수병에 몸부림치고… 아무리 홈스테이에서 잘해 줘도 소통의 부재에서 오는 갭을 메우기엔 부족했던 모양입니다. 조금 더 할 수 있다는 것이 얼마나 큰 힘인지 절실히 깨달은 경험이었습니다.

초등학교 때부터 영어에 스트레스받는 아이들을 보면서 '이게 옳은 교육인가?'라는 생각을 하기도 했지만, 중요한 것은 지금 우리는 강대국이 아니라는 거지요. 한글의 우수성만 고집하며 영어를 외면해도 되는 시대가 아니라는 것입니다.

나중에 미국처럼 잘 살게 된다면야 그 때 가서 우리 한국어만 고집해도 늦지 않겠지요. 그렇지 않고 세계 경쟁에서 살아남으려면 영어가 노출된 환경에서 부지런을 떨어야 한다고 생각합니다.

다행히도 요즘 아이들은 원어민 선생님을 한국인처럼 스스럼없이 대합니다. 심지어는 매달리고 어리광을 피우는 아이들도 있습니다. 원체 붙임성이 좋은 아이이거나 아니면 주로 상급반 아이들이지만 말입니다.

흔히 영어에 가장 많은 돈을 쓰면서도 영어를 가장 못하는 나라가 한국과 일본이라고 합니다. 문법 위주의 학습법이 낳은 폐단이지요. 이제 그 불명예는 머지않아 사라질 거라고 생각합니다. 요즘 젊은 교사들 중엔 원어민과 대화가 가능할 정도로 유창한 영어 실력을 겸비한 사람이 많으니까요. 가르치는 교사의 수준이 높아졌으니 당연히 아이들의 수준도 높아질 거라고 믿습니다.

앞으로는 우리말과 영어는 기본이고 중국어도 유창하게 하는 아이들이 많이 나오리라 생각됩니다. 초등학생들이 벌써 두세 개의 어학을 할 수 있는 환경에 많이 노출되어 있기 때문이지요.

이제 할 일은 딱 한 가지입니다. 국어처럼 영어가 자연스럽게 되도록 영어 사용량을 높여 주는 것이 중요합니다.

너무 학습적으로 영어 영어 강조하다가 되려 '영어가 싫어요'라는 역효과가 나지 않도록 실생활에서 이루어질 수 있는, 노출된 영어 환경 조성이 필요하다고 생각합니다. 어릴 때부터 우리말이 자연스럽게 체득된 것처럼.

머지않아 영어가 우리말처럼 편안한 언어로 정착될 날이 오리라 믿어 의심치 않습니다.

제 2 장

학교생활과 관련된 이야기 10 & Tip

청와대 어린이기자의
'일기지도'에 관한 취재기사

"안녕하세요? 6학년 2반 태희입니다.

저는 작년 11월 청와대 어린이기자로 선발되어 다양한 기사를 쓰고 있습니다. 현재 5편의 기사를 제출했는데, 3편이 채택되어 청와대 인터넷어린이신문 '푸른누리'에 제 기사가 실리는 영광을 누리고 있습니다.

이번 8호 기사에 우리 학교에서 매년 제작하는 일기 제본집에 대한 기사를 싣고 싶습니다. 더불어 매번 써 주시는 선생님들의 마음이 담긴 글들도 자랑하고 싶고요. 그래서 간단하게 몇 가지 서면 인터뷰로 선생님들의 답변을 받아보고 싶습니다. 바쁘시겠지만 멋진 기사를 쓰고 싶기에 부탁드립니다."

 일기 검사와 함께 댓글을 달아 주면서 특별히 신경쓰시는 부분은 어떤 점인가요?

학년이 끝나면 한 권의 책으로 엮어져 나오는 일기 제본은 우리 학교의 전통이자 큰 자랑거리이지요. 초등학교를 졸업하면서 자신의 전기물을 여섯 권이나 갖는 셈이니 우리 학교 학생들은 작가나 다름없는 셈이지요. 그래서 그 무엇보다 일기 검사에 심혈을 기울입니다.

저의 경우는 일기 검사를 할 때 주로 글의 완성도와 문장 표현에 중점을 두고 봅니다. 평범한 일상사를 맛깔나게 표현한 제자의 일기를 볼 땐 깜짝깜짝 놀라곤 하지요.

학교 가는 길에 핀 이름 모를 풀꽃, 차가 막혔을 때 지각할까 봐 발을 동동 구른 일, 할머니께서 끓여 주신 된장찌개 등 누구에게나 일어날 법한 평범한 소재를 특별한 일처럼 쓴 글을 보면 아하! 하고 탄성이 절로 터져나옵니다.

이런 친구들은 스쳐지나갈 법한 작은 것의 소중함을 아는 친구들이지요. 그래서 칭찬의 댓글을 왕창 달아 줍니다.

틀리게 쓴 글자 빨간펜으로 고쳐 주기, '글씨 바르게 쓰세요'라는 도장 찍어 주는 식의 검사는 피합니다. 일기는 받아쓰기가 아니거든요. 아이들에게 받아쓰기 지도를 하려다 일기쓰기를 싫어하게 되는 경우를 많이 봐 왔거든요.

🙂 기억에 남는 일기 내용을 부탁드려요.

👧 어머니와 아들이 함께 쓴 일기장이 가장 기억에 남아요. 아들이 먼저 일기를 쓰고 어머니가 이어쓰는 방식의 공동일기인데 참 재미있었어요.

초등학교에 첫발을 들여놓은 자녀의 일기 쓰는 습관을 길러주기 위해 함께 쓴다고 하시더군요. 충치가 먹어 빠진 이도 붙여놓고, 함께 가서 본 영화표도 붙여놓고, 색종이로 접은 종이꽃도 붙여놓고, 추억할 만한 것은 아주 사소한 것이라도 일기장에 다 붙여놓았더군요.

아이들에게는 매일매일 일기를 써야 한다고 강조하면서도 정작 어른들은 쓰지 않는 경우가 허다한데 그걸 몸소 실천하니 자녀가 똑같이 따라할 수밖에요.

함께 쓰는 일기는 학년이 높아질수록 더 필요하다고 생각해요. 고학년이 되면 부모와 자식간에 의사소통이 안 되어 갭이 생기는 경우가 많은데, 일기를 함께 쓰다 보면 그런 문제는 쉬이 해결되리라 믿어요.

감정이 격해져서 한번 내뱉으면 주워담기 힘든 말로 하기보다는, 한 번 더 깊게 생각한 후에 마음을 전달하는 일기를 쓴다면 저절로 맺힌 매듭이 풀릴 거라 생각되거든요. 모자일기

뿐만 아니라 부자일기도 많이많이 나왔으면 하는 바람이에요.

저도 일기 쓰기가 아주 귀찮을 때가 있어요. 하지만 책꽂이에 있는 지난 일기를 읽고 '아, 내가 3, 4, 5학년 때 이런 생각을 했었구나….' 하면서 일기를 더 잘 써야겠다고 마음먹기도 해요. 제 지난 날의 일기는 온통 제 동생 준희 얘기와 '태희 파이팅!'이 반을 차지한 것 같아요. 학생들 일기를 보시면서 과거, 현재까지 가장 많았던 주제는 무엇이었는지, 또 학년별로 어떤 주제들이 많은지 말씀해 주세요. 많은 친구들이 공감할 것 같아요.

현재 가장 많이 다루어지는 일기 주제는 학원 얘기예요. 방과 후 어떤 종류의 학원에 가고, 어떤 스타일의 선생님께 배우고, 어떤 친구와 경쟁을 하는지 주로 그런 얘기들이지요.
싫어하는 학원이면 그만 좀 다니게 해 달라고 간청하는 내용이 많고, 좋아하는 학원이면 오늘도 내일도 그 학원에서 일어난 일만 쓸 정도로 줄기차게 쓴답니다.
과거에는 주로 학교에서 일어난 일을 주제로 많이 다루었는데 요즈음은 학원 쪽이 더 많으니 세태가 많이 변했다고 할 수 있지요. 그리고 학년이 낮을수록 가족 중심의 주변 얘기를 많이 쓰는 반면, 학년이 높아갈수록 친구 관계나 자신의 미래에 대한 얘기를 많이 다룬답니다. 일기를 씀으로써 신체의 성장과 더불어 생각의 키도 함께 높아지고 시야가 넓어진다고 할 수 있지요.

일기는 요일별로,
다양한 종류의 글로 쓰게 해야···

'일기 검사는 인권 침해인가?' 라는 주제로 찬반 토론을 벌인 적이 있습니다. 당면한 문제라서 그런지 아이들의 찬반 양론이 팽팽하더군요.

성별에 따라서는, 주로 남학생이 인권 침해 쪽이고 여학생은 아니라는 쪽이었습니다.

일기의 선호도에 따라서는, 글쓰기를 싫어하는 아이는 인권 침해 쪽이고 글쓰기를 좋아하는 아이는 아니라는 쪽이었습니다.

하지만 고학년으로 올라갈수록 그 편차는 더욱 심해져 인권 침해라는 쪽으로 더 많이 기울어집니다. 그러하기에 일기장을 제출하는 빈도 수도 덩달아 줄어듭니다.

우리 학교의 경우 1년 동안 쓴 일기장을 한 권의 책으로 묶는데, 고학년으로 올라갈수록 일기장의 두께가 얇아짐은 두말할 나위가 없습니다. 아예 쓰지도 않아서 제본을 하지 못하는 경우도 있습니다.

고학년으로 올라갈수록 한 학년 앞선 선행학습을 하느라 일기 쓸 시간적 여유가 없는 탓이기도 하고, 일기 검사가 사생활 침해라는 생각이 강하게 들기 때문이지요.

그 마음 백번 이해하고도 남습니다. 줄곧 일기를 써 온 저도 요즘은 별 보고 퇴근하는 때가 많아서 일기를 건너뛰는 일이 다반사이니까요. 일기고 뭐고 집에 돌아가면 화장도 안 지우고 그냥 쓰러져 자기에도 바쁩니다.

"일기 쓰는 데 몇 분이나 걸리냐?"

다그칠 때 솔직히 제 자신이 찔립니다. 어른인 저조차도 그 몇 분을 감당하지 못해 일기는 안녕했으니까요. 일기 쓴답시고 잠자는 타이밍을 놓쳐서 몸은 피곤한데 잠은 오지 않는 고통스러운 밤을 보내는 것보다야 백번 나으니까요.

'日記'는 한자어 뜻 그대로 '날마다 기록해야 하는 글'입니다. 하지만 선생님보다 더 바쁘게 사는 아이들의 생활은 일기를 쓸 만큼 여유롭지가 않습니다.

일기가 숙제처럼 참고서라도 베낄 수 있는 거라면 수월하겠는데, 하루의 생활 중에서 가장 인상깊었던 글감을 고르고, 자신의 느낌까지 섞어 써야 하니 마음의 부담이 생기는 게지요.

그렇다면 국·수·사·과 숙제처럼 일기에 일정한 패턴을 부여해 보면 어떨까요?

고학년이라면 그냥 일기가 아니라 글의 종류에 따른 일기를 쓰게 하는 것도 좋은 방법입니다. 특히 남학생은 생활일기 쓰기는 싫어해도 설명문 같은 형식의 글쓰기는 좋아하거든요. 요일별로 일정한 패턴을 주어서 쓰게 한다면 아이들은 쉽게 다가갈 것입니다.

요일	글의 종류	글감
월	논술	심청이는 효녀인가?
화	만화	카툰, 4컷 만화, 8컷 만화
수	설명문	라면 조리법, 장수풍뎅이 사육법
목	동시	3행시, 동시, 시조, 애송시 비평
금	편지	나에게, 책의 주인공에게, 위인에게
토	감상문	독서 · 음악 · 미술 · 영화 · 텔레비전 감상문
일	생활문	일상생활에서 겪은 일

일기장도 채우고 글솜씨도 키우고,

꿩 먹고 알 먹고 도랑 치우고 가재 잡고,

일석이조의 일기쓰기에 도전해 보지 않으실래요?

학교에서 하는 독서교육

"선생님, 제발요~. 책 읽을 시간을 좀더 주세요."

"딱 10분만, 10분만 더 주세요."

첫째 시간을 알리는 종이 울리자 아이들이 너도나도 한마디씩 합니다.

"안 돼. 쉬는 시간에. 약속은 지켜야지."

선생님의 단호한 반토막짜리 말에 아이들은 아쉬움을 뒤로 하고 읽던 부분을 접어 책상 안에 넣습니다.

아침독서 20분을 시행하고 있는 우리 반 아이들의 아침자율학습 풍경이자, 아침독서를 아예 아침자율학습시간으로 고정하여 운영하고 있는 우리 학교의 모습이기도 합니다. 우리 반처럼, 우리 학교처럼 요즘은 아침자율학습시간을 아침독서시간으로 운영하고 있는 학교가 많습니다. 독서의 중요성을 간파한 까닭이지요.

학교에서의 독서교육은 백번 강조해도 지나침이 없습니다. 학습지 몇 장 풀게 하고 단어 몇 개 외우게 하는 것보다 한 권의 책을 읽히는 것이 훨씬 영양가가 높으니까요.

독서를 함으로써 어휘력이 풍부해지고, 상상력과 사고력이 신장되며, 경험의 폭이 넓어지고, 높은 이상을 갖게 해 주어 지식과 사고 수준이 향상된다는 것쯤은 아이들도 아는 상식입니다.

이렇게 높아진 수준은 국가의 경쟁력 제고에도 영향을 끼쳐 국가의 수준까지 한 단계 업그레이드시키는 원동력이 된다는 것까지도요.

학교 현장에서 아침독서를 특히 강조하는 이유는 가장 정신이 맑은 시간이기 때문에 책의 내용이 머릿속에 쏙쏙 들어올 뿐만 아니라, 마음을 정갈하게 가다듬어 주어 첫 수업 시간을 차분하게 맞이할 수 있기 때문입니다. 이런 유익한 점들이 학교에서 아침독서시간을 고정하여 운영하는 이유입니다.

"선생님, 오늘은 독서퀴즈 안 하나요?"
"선생님, 이제는 1분 책 소개 안 해요?"
오후 수업 시간을 알리는 종이 울리자 아이들의 질문 세례가 쏟아집니다. 늘 마음이 들뜨고 늘어지기 쉬운 오후 수업 시간 10분

전에 하던 독서 활동을 시험 기간이라고 중단했더니 아이들의 항의가 빗발칩니다.

'독서퀴즈 내려고 밤새워 책을 읽었는데 왜 안 하느냐, 멋진 책을 소개하려고 집에서 힘들게 들고 왔는데 왜 안 하느냐.' 등등.

'독서퀴즈'는 책을 읽은 뒤 가장 중요하다고 생각하는 내용을 퀴즈로 내어 알아맞히는 놀이입니다.

일일당번처럼 퀴즈낼 사람의 순번을 정해놓았기에 퀴즈를 내는 사람은 출제하는 재미에, 듣는 아이들은 정답을 맞히는 재미에 이 시간을 기다립니다. 이 때 독서퀴즈는 3문제 정도 내게 하는 것이 적당합니다. 너무 많으면 진력나기 쉽고, 너무 적으면 주요 내용을 그냥 지나치기 쉬우니까요.

독서퀴즈로 동기유발이 되면 그 다음은 조금 더 수준을 높인 '1분 책 소개'를 합니다. '1분 책 소개'는 소개할 책을 설명문 형식으로 써서 1분 동안 발표하는 독서 활동입니다. 고학년으로 올라갈수록 아이들은 일기보다는 이런 설명문 형식의 글쓰기를 더 좋아합니다. 발표한 뒤에는 자기가 소개한 내용 중에서 한 문제를 퀴즈로 내어 알아맞히게 합니다. 듣는 아이들의 집중도를 높여 주는 역할을 하기 때문이지요.

책을 소개할 때는 꼭 책을 가져와서 보여 주게 합니다. 읽고 싶은 욕구를 끌어내기 위해서지요. 발표자가 소개를 맛깔나게 하면 책의 인기도 높아져서 서로 읽으려고 하는 경우도 생겨납니다.

"너 다음엔 나야. 나 다음엔 누구고……."

이 두 가지 독서 활동이 아이들의 독서에 대한 관심을 배가시키는 원인이 되었음은 두말할 나위가 없습니다.

아이들에게 부담을 주지 않으면서도 재미있어하는 이런 독서 활동은 아이들의 태도 변화뿐만 아니라 주변 사람들의 인식 변화까지 불러옵니다.

책을 가까이하는 습관이 생기니 아이가 부모님께 칭찬을 받게 되고, 부모님은 아이의 바람직한 변화에 덩달아 신이 나서 학급문고에 아이들이 읽을 만한 책을 넣어 주고, 학급문고의 책이 풍성해지다 보니 아이들은 볼거리가 많아져서 더욱 더 책을 가까이하게 되는 좋은 현상이 꼬리에 꼬리를 물고 일어납니다.

쉬는 시간이나 자투리 시간에 학급문고 주변에 기대어 앉아 책을 읽는 아이들의 모습을 볼 수 있는 것까지…….

"아아~ 독후감 이딴 거 안 쓰면 안 돼요?"

"또 써야 해요? 쓰는 것은 정말 지겨워요."

'독서퀴즈'나 '1분 책 소개'는 하루라도 빠지면 난리를 치며 호들갑을 떨던 아이들이 독후감을 쓰라고 하니 짜증부터 냅니다.

글짓기를 잘하는 아이조차도 하기 싫다는 표정을 역력하게 드러냅니다. 독후감 쓰기가 아이들에게는 크게 부담으로 다가오나 봅니다.

이렇듯 학교에서의 독서교육 방법은 독후감 쓰기나 논술이 주가 되지 않는, '순수한 독서-책읽기' 그 자체에 초점을 맞추어야 합니다. 독서 후의 쓰기 활동을 중시하다 보면 아이들은 책에서 멀어지고 아예 책을 기피하게 되니까요.

아이들이 부담없이 마음껏 책을 읽을 수 있도록 학급의 독서 환경을 조성해 주고, 퀴즈나 게임을 좋아하는 아이들의 성향을 고려하여 놀이를 접목시켜 독서에 흥미를 갖도록 유도해야 합니다. 자연스럽게 책 읽는 문화를 기르는 것-그것이 가장 좋은 학교 독서교육이 아닐까요?

'독서[讀書] 책을 읽음.'

독서의 사전적 의미처럼 아이들이 양질의 책을 많이 읽도록 하는 그런 독서교육에 포커스를 맞춰야 합니다.

책 읽는 습관을 들여 '1년에 200권 읽기' 목표에 도달하는 것만으로도 학교의 독서교육을 성공적으로 이끌어 낼 수 있습니다.

가장 듣기좋은 소리는 자식이 책 읽는 소리

링컨은 어머니가 빌려다 준 책을 밤늦도록 읽은 독서소년이었다.

에디슨은 10세에 '로마제국흥망사, 영국사, 디킨즈의 명작'을 다 읽은 독서왕이었다.

프랭클린은 책을 정말 많이 읽은 사람인데, 책 한 권을 다 읽으면 그 책을 팔아 다른 책을 사서 읽었다.

프로이트는 유식한 양친을 통해 8세 때 '다윈의 진화론'을 반복해서 읽었다.

뉴턴은 12세에 가축을 돌보지 않고 다락방에 숨어 책을 읽다가 가축들을 잃어버렸다.

장영실은 몰래 서당 마당에 숨어서 천자문을 배우다가 양반집 아이들에게 도둑으로 몰려 몰매를 맞기도 하였다.

세종대왕은 송나라 명문장가인 구양수와 소동파가 주고받은 서간문집인 '구소서간'을 1,200번이나 읽었다.

위에 소개된 책벌레 위인들의 일화에 지극히 공감을 한다면 지금 당장 아침, 저녁 20분 독서를 실천해 보세요. 독서의 중요성은 하나부터 열까지 꿰고 있으면서도 막상 실천하기는 어려운 게 책 읽는 습관 들이기입니다.

어른들은 일하느라 바빠서, 아이들은 학원 가느라 바빠서 책은 늘 뒷전으로 밀리기 일쑤입니다. 여기서 책이란 교과서 이외의 책을 말합니다.

읽을 시간이 없다는 것! 핑계에 지나지 않을까요? 시간이 없다고 밥 먹는 것마저 생략할 것인지요? 하루 세 끼의 규칙적인 식사가 아이들의 건강을 지켜 주듯, 하루 두 번의 규칙적인 독서가 아이들의 건강한 두뇌를 지켜 줄 것입니다.

요즘 아이들의 하루 일과를 보면 대부분 좌뇌를 사용하는 시간으로 채워져 있습니다. 학교공부, 학원공부, 혼자공부 등등.

심히 편중된 좌뇌 사용은 즐거워야 할 하루 생활을 괴로움으로 가득차게 만듭니다. 그에 대한 반작용으로 비논리적인 세계에 머무는 인터넷게임, 비디오, 텔레비전, 음악, 만화 등 우뇌를 사용하는 아이들이 점점 늘어나고 있음이 그것을 증명합니다.

보통 좌뇌는 언어뇌, 우뇌는 이미지뇌라고 합니다. 좌뇌가 발달한 사람은 언어사용 능력이 탁월하여 학습 능력이 우수하고, 우뇌가 발달한 사람은 공간지각 능력이 탁월하여 예술적 재능이 우수하다고 합니다.

예전에는 좌뇌가 발달한 아이들이 지능지수가 높은 것으로 나타나 이에 치우친 교육이 활발하였으나, 최근에는 우뇌가 발달해야 머리가 좋아진다는 이론이 주목을 받으면서 지능검사 문제도 우뇌가 발달한 아이들이 높은 점수를 얻을 수 있는 문제가 많아졌습니다. 좌뇌와 우뇌의 움직임이 조화로울 때 지능이 높아질 수 있는 교육 시대가 도래한 것입니다.

한국뉴로피드백 연구소 남정욱 교수에 따르면, 독서할 때 글 전체의 이미지 분석이나 내용 이해는 좌뇌가 받아들이고, 정신적인 측면에 해당하는 감동은 우뇌에서 일어난다고 합니다. 기본적인 내용 이해는 좌뇌가 받아들이고, 상상력과 창의력에 관련된 것은 우뇌가 받아들인다는 것이지요.

결국 이성적인 좌뇌와 감성적인 우뇌를 골고루 발달시키는 데 독서만큼 효과적인 방법이 없다는 것입니다.

똑똑한 아이로 기르고 싶은가요?

성공한 자녀로 키우고 싶은가요?

그러면 당장 아침, 저녁 20분 책 읽는 습관부터 들이세요. 책 읽기는 두뇌를 활성화시키는 가장 저렴하고 편리하고 손쉬운 교육

수단입니다.

　'아기가 젖 먹는 소리'

　'마른 논에 물 들어가는 소리'

　'자식이 책 읽는 소리'

　우리 조상들이 가장 듣기좋은 소리라고 하지 않던가요?

　'온 세상 울리는 듣기좋은 소리 책 읽기 20분'.

　아침에는 학교에서, 저녁에는 가정에서 울려퍼지도록 아이들
손에 책을 들려 주세요.

교사들이여,
자신있게 훈계의 매를 들어라

"대충 예쁘다 비위맞춰 주고 월급 받아먹으면 되지요."

젊은 혈기에 제자들을 혼냈다가 학부모들의 항의를 받고 난 뒤 벌 주기를 포기한 선생님의 자조섞인 푸념이다.

그 뒤로 사소한 체벌은 없어지긴 했지만, 대신 아이들을 방치하는 현상이 늘어났다. 해 보고자 하는 교사의 의지가 꺾이다 보니 벌이 아닌 훈계조차도 기피하는 경향이 생겨난 탓이다.

그래서 생겨난 풍토가 교사들간의 벌의 경중차다. 똑같은 학교 규칙을 두고 어느 반에서는 엄격하게 적용하고 어느 반에서는 느슨하게 적용하다 보니 형평이 맞지 않는 일이 생기는 것이다.

규칙대로 하는 엄격한 반과 달리 느슨하게 적용하는 반에서는 그냥 눈감고 넘어가는 일이 비일비재하다 보니 아이들의 일탈행동이 도를 넘어서게 되는 것이다.

공부 시간에 제멋대로 돌아다니지를 않나, 큰 소리로 떠들며 공부를 방해하지 않나, 선생님 말을 들은 척도 안 하질 않나…….

나쁜 버릇이 고쳐지지 않는 경우는 분명하다. 교사가 외면하기 때문이고 적극적으로 그 문제를 짚고 넘어가려고 하지 않는 탓이다. 괜히 이래저래 간섭했다가 생기게 되는 부스럼딱지를 안고 가기 싫은 탓이다.

습관처럼 수업을 방해해도, 교실을 제 안방처럼 휘젓고 다녀도 그냥 내버려둔다. 미꾸라지 한 마리가 연못물을 흐려놓는데도 언젠가는 맑아지겠지 하며 그냥 보고만 있는다.

아무 제지가 없다 보니 아이들의 행동은 더욱 더 거칠어지고 안하무인이 된다. 더욱 더 만만하다 싶은 강사 선생님을 만나면 제 세상인 양 교실 분위기를 혼자서 이끌고 간다. 그러니 수업이 제대로 될 리가 없다. 그럴 때는 담임이 적극적으로 나서서 대책을 세워 줘야 하는데 모르는 척, 그냥 그런 아이이니 넘어가라 한다. 힘들면 다른 반으로 바꾸라는 한심한 대책만 내놓을 뿐이다.

담임도 어찌할 수 없는 아이를 강사가 무슨 힘으로 제지할 수 있겠는가? 먼저 담임이 적극적으로 나서 그 문제를 부모와 협의해야 한다. 그래야 아이도 행복해진다.

문제점은 그 아이의 행동이지 그 아이 자체가 아닌 탓이다. 그

행동만 제거해 준다면 그 아이는 반듯한 아이로 자라날 수 있다. 교육상담 시간에는 그런 상담을 해야 하고 그런 문제를 충분히 의논해야 한다.

"네네, 학교생활 너무도 잘하고 있습니다"가 아니고, "이 아이의 장점은 무엇이고 단점은 무엇입니다"라고 정확히 짚어 줘야 한다. 그게 아이를 위한 교육상담이고 제대로 된 상담이다.

"우리 선생님은 괜찮다는데 왜 안 돼요?"

"우리 선생님은 아무 말도 안 하는데, 왜 다른 선생님이 나무라요?"

이렇게 다른 선생님이 나무랐다고 아이와 학부모가 원망섞인 어조로 달려드는 경우도 생겨난다. 늘상 칭찬을 해 주는 선생님만 좋은 선생님이고 잘못을 지적해 주는 선생님은 나쁜 선생님이 되는 경우이다.

그저 아이들에게, 학부모에게 좋은 선생님으로 남는 것이 중요한가? 아니면 지금은 엄격하더라도 아이들의 일탈행동을 수정하여 더욱 더 멋진 아이로 자라나게 하는 선생님이 될 것인가? 누가 뭐라 해도 교사라면 후자 쪽이어야 하지 않을까?

학부모 중에는 어떻게 해서라도 자기 자식에게 유리한 쪽으로 생떼를 쓰는 부류도 있고 보니 소신하고는 거리가 멀어질 때도 있지만 그렇다고 아이들을 방치할 수만은 없지 않은가?

체벌을 못한다고 해서 훈계조차도 포기하는 경우가 생겨선 안 될 일이다. 자기가 저지른 잘못된 행동이 상대방에게 어떤 피해를 주는지 정확하게 인식시켜 줘야 한다. 그래야 철부지 어른으로 성장하지 않는다.

어른이라고 다 철이 드는 것은 아니기 때문이다. 이 세상에는 아이들보다 더 철없는 어른들이 많이 존재한다. 적어도 내 제자들이 그렇게 크지는 말아야 할 게 아닌가?

'우리 아이가 달라졌어요' 라는 프로그램을 보면 교육이 얼마나 중요한지를 알게 된다. 단순히 지금의 위기를 모면하기 위해, 주위의 눈을 의식해서 교사들이 아이들의 일탈행동을 외면한다면 우리는 교사로서 자격 미달임을 인지해야 할 것이다.

교사들이여, 육체에 고통을 가하는 체벌의 매가 아닌, 마음에 경종을 울리는 훈계의 매를 자신있게 들기 바란다.

체벌은 체벌을 낳습니다

세이브더칠드런 보고서에 의하면 8개국(한국, 몽골, 필리핀, 베트남, 홍콩, 인도네시아, 캄보디아, 피지) 모두에 아동 체벌이 만연해 있는 것으로 나타났다. 아동들이 가장 많이 받는 체벌은 신체적 체벌이었으며, 욕설 등 언어폭력이 그 다음으로 나타났다. 가정 내 체벌이 학교에서의 체벌보다 더 폭력적이며, 아버지보다는 어머니에 의한 체벌 빈도가 더 높은 것으로 나타났다.

한국의 경우 부모와 선생님의 체벌뿐만 아니라 조부모, 형제자매, 친구한테도 체벌을 받고 있으며, 주요 원인은 학업, 올바르지 못한 생활습관, 게으름, 고집, 개인 성향 등의 순으로 나타났다.

왜 학교보다 가정에서, 특히 어머니들이 체벌을 많이 할까요? 체벌하는 대부분의 어머니들은 화가 나서 아이에게 매를 든다고 합니다. 우아하게 대화로 해결하고 싶지만, 지긋지긋하게 말도 안

듣고 미운 짓만 골라서 하는 아이를 보면 매를 들지 않을 수가 없다고 합니다.

체벌은 가장 손쉽고 효과가 빠른 교육 수단입니다. 일시적인 효과를 보기 위해 체벌에 익숙해지면 시간이 흐를수록 체벌의 강도를 높여야 합니다. 그러면 아이는 매가 무서워 말을 들을 뿐, 스스로 판단해 바른 행동을 하게 될 기회가 점점 줄어듭니다. 또한 힘이 갖는 위력을 인상깊게 배우게 되어 자기가 원하는 것이 있으면 힘으로 그것을 얻으려고 합니다.

아이들은 아직 미완의 존재이므로 미성숙한 행동을 하는 것은 당연한 일입니다. 화를 못 이겨 질책하거나 체벌하기에 앞서 인내심을 갖고 미성숙한 행동에서 벗어날 수 있도록 도와 줘야 합니다.

부적절한 행동을 할 경우 아이를 잠시 다른 곳에 격리시키거나, 부적절한 행동을 싫증이 날 때까지 수행하도록 하거나, 부모와 아이가 약속하여 그에 따른 보상을 주거나, 바람직한 행동을 여러 단계로 나누어 쉬운 단계부터 점진적으로 교정하게 한다면 체벌을 가하지 않고도 부적절한 행동을 효과적으로 치료할 수 있습니다.

대부분의 체벌 행위는 아동의 행동에 부정적인 결과를 가져왔다. 아동들은 체벌을 통해 신체적, 정서적으로 고통을 받으며 심지어 자살 충동까지 느끼게 된다고 하였다. 강한 체벌은 아동들에게 폭력성과 타인에 대한 적대감을 갖게 하는 것으로 나타났다.

이에 반해 성인의 경우 아동이 잘못을 저질렀을 경우 먼저 대화를 통해 해결해야 한다고 하였으나 실제로는 그렇지 못한 것으로 나타났다.

87%의 성인들은 어린 시절 체벌에 대한 불쾌한 감정을 가지고 있지만 여전히 같은 방식으로 체벌을 가하고 있는 것으로 나타났다. 이는 성인들이 시간이 걸리는 설명보다는 쉽고 빠른 방법으로 체벌을 택하고 있음을 보여 준다.

체벌의 가장 큰 문제는 체벌로 인해 아이가 자신감을 잃는 것입니다. 매를 들면 들수록 아이에게 '나쁜 아이'라는 부정적인 인식이 박혀, 심한 경우 자포자기하는 지경에까지 이릅니다.

내 자식이니까 마음대로 때려도 된다는 생각은 버리십시오. 그게 습관이 되면 순응적이다가도 공격적이며 부정적인 성향으로 바뀌기 쉽습니다.

부모에게 맞고 자란 아이는 부모의 행동을 그대로 학습하여 같은 방식으로 자식을 대한다고 합니다. 부모님의 지금 모습이 미래의 자녀 모습이라고 생각해 보세요. 끔찍하지 않나요?

'사랑은 사랑을 낳고 미움은 미움을 낳는다'는 말이 있듯이 체벌은 체벌을 낳습니다.

'꽃으로도 아이를 때리지 말라'는 프란시스코 페레의 말을 늘 가슴에 새기십시오.

학원 가기 싫어요.
제발 조금만 더 놀다 가요

"와, 롯데월드다!"

주간교육활동 계획표에 안내된 현장학습 장소를 보고 일제히 터져나온 아이들의 함성소리이다. 늘상 가던 박물관이나 역사유적지 같은 교육적인 장소가 아니고, 자기네들이 입버릇처럼 외쳐오던 곳이니 그 아니 기쁠 것인가. 하지만 그 환호도 잠시 여기저기서 볼멘소리가 쏟아져나왔다.

"근데 하교 시간이 왜 4시예요?"

"5시 아니, 5시 반에 오면 안 돼요?"

"학원 가기 싫단 말예요. 아, 제발요~!"

"선생님 사랑해요. 이번 한 번만 늦게 가요."

4시에 돌아오는 게 불만인 아이들은 사랑한다는 말로 나를 설득하려 들었다. 예를 들어 짝을 바꿀 때라든지, 시험 기일을 미뤘

111

을 때라든지 그럴 때면 꼭 따라붙는 사랑한다는 말.

다 빈말임을 알면서도 기분이 좋은 것은 어리광을 부리는 제자들이 있다는 그 존재 자체만으로도 행복임에랴…….

현장학습 때는 어떤 상황이든 예고된 하교 시간은 철저히 지킨다는 사실을 뻔히 알면서도 아이들은 떼를 쓴다. 차가 밀려 어쩔 수 없이 늦게 돌아오는 상황이 되면 박수를 치고 야단도 아닌 기현상이 일어난다.

"선생님, 더 놀다 가면 안 돼요?"

"월드컵공원에 가서 공 더 차다 가면 안 돼요?"

이렇게 놀고 싶어하는데, 친구들과 어울리고 싶어하는데 '그래, 맘껏 놀아 보라'고 하고 싶지만 마음뿐, 매몰차게 "안 돼!"라고 잘라 버린다. 인정에 끌려 아이들의 입장을 봐 주다간 골치아픈 일이 연타로 벌어지는 까닭이다.

조금이라도 늦으면 학부모들의 항의 전화로 학교 전화통엔 불이 나고, 그 사태로 인해 관리자들은 담임교사를 책망하는 사태가 벌어지고, 온통 난리통 법석통이기 때문이다.

아이들은 학원 가기 싫어서 조금이라도 늦게 하교하려 하고, 학부모님들은 비싼 수강료를 무는 학원에 어떻게든 보내려고 하고, 그 중간에 선 교사는 어떤 대안도 마련할 수 없는 딱한 제3자의 입

112

장에 당면하게 된다.

언제던가? 산더미 같은 학교일을 끝맺음하고 가느라 늦퇴근을 하던 날, 학교 주위의 학원에서 우르르 몰려나오는 아이들을 보았다. 고등학생도, 중학생도 아닌 초등학생들이었다. 주경야독도 아니고 주독야독을 하다니, 우선 안쓰러운 마음부터 들었다. 망아지처럼 뛰어놀아도 시원찮을 판에 학원에 묶여서 밤중까지 공부에 시달려야 하는 현실이 안타까움으로 다가왔다. 저녁은 제대로 먹고나 하는 겐지, 공부에 찌든 스트레스는 무엇으로 푸는지, 에너지가 바닥난 저 상태로 내일 아침 피곤을 이끌고 학교에 와선 잠만 자는 것이 아닌지, 이래저래 걱정이 되었다.

너도나도 학원을 보내니까 불안해서 보낸다는 학부모들, 학원에서 선행학습을 하니 아무리 열심히 가르쳐도 폼 안 나는 교사들, 가기 싫어도 학원을 안 가면 놀 친구가 없는 아이들… 학원 과외로 몸살을 앓고 있는 우리나라 초등학생들의 현주소다.

영어학원, 수학학원, 종합학원… 예비중학생인 6학년 아이들의 경우 학교 공부가 끝나면 바로 학원으로 가서 중학교 과정의 과외를 받는다.

과외 시간이 5시간이나 되는 곳도 있다고 하니 거의 반나절을 학교와 학원에서 교재와 씨름하며 사는 셈이다. 노동도 이만한 중

노동이 없을 것이다.

어른의 경우는 근로기준법에 하루 노동 시간은 8시간을 초과할 수 없다고 밝혀져 있다. 아직 미성년자인 아이들이 어른들의 기본 노동시간보다 더한 공부노동을 하고 있으니 이 무슨 경우인가 말이다.

앞서 가는 과외는 제 나이 때에 차근차근 배워야 할 학습 의욕을 떨어뜨린다. 다 알고 있는 내용이기에 학교 공부는 당연히 재미가 없을 수밖에 없다.

6학년 학생에게 중1 과정을 지나 중2, 심지어는 중3 과정까지 앞서 가르치는 학원도 있다고 하니 말해 무엇하랴.

인생은 42.195km의 기나긴 마라톤이다. 호흡을 조절하지 않으면, 힘의 강약 조절에 실패하면 초반에 지쳐 나가떨어지는 게 마라톤의 법칙이다.

지금 우리는 방금 출발선을 통과한 초등학생에게 결승점이 바로 눈앞에 있기라도 한 것처럼 호들갑을 떨며 전력질주하라고 강요하고 있는 것은 아닌지 모를 일이다.

아, 누가 나서서 이 휩쓸려 돌아가는 비틀린 과외 열풍을 제대로 펴서 바로잡아 주었으면 좋겠다.

사교육 열풍, 이젠 잠재워야 합니다

수업 준비	학교교사 〈 학원강사
수업 열의	학교교사 〈 학원강사
수업 충실도	학교교사 〈 학원강사
입시 정책 반영	학교교사 〈 학원강사
대입 준비	학교교사 〈 학원강사
인성 함양	학교교사 〈 학원강사
의사 소통	학교교사 〈 학원강사
정서적 이해	학교교사 〈 학원강사

'한국교육개발원'에서 고등학생을 대상으로 학교 선생님과 학원 강사를 비교한 조사가 있었습니다.

참으로 부끄럽게도 KO패라고 해도 무방할 정도로 학생들은 '학원 강사' 쪽 손을 들어 줬더군요. 그만큼 모든 면에서 학원 강사들이 낫다는 것인데, 결과에 공감은 하면서도 똑같이 교육을 담당하고 있는 자로서 억울한 면이 없지 않더군요.

일선 교사인 저뿐만 아니라 동료들도 체감하고 있는 것이지만,

115

'뒤돌아서면 일'이라고 할 정도로 학교 교사는 과중한 업무에 시달리고 있습니다.

하나가 끝나면 또 하나가 나타나고, 또 그것을 끝내면 새로운 일이 밀려들고, 업무가 끝도 없이 인해전술처럼 밀려옵니다.

예전과는 달리 뭘 그렇게 밖으로 보여 주라고 하는 일이 많은지, 아이들 가르치는 일보다 왜 그런 일이 우선되어야 하는지 모르겠습니다.

보람도 없는 이런 잡무로 밤늦게까지 야근을 하다 보면 한숨이 절로 나올 때가 많습니다. 일선 교사들의 소원이 있다면 아마 백이면 백 다 아이들을 가르치는 데에만 열중하게 해 달라는 것일 겁니다.

이러니 1시간 수업을 위해 3시간을 투자한다는 학원 강사하고는 비교가 안 될 수밖에요. 물론 학원 강사들도 가르치는 일만 하는 것은 아니겠지요? 그 곳도 엄연히 학교처럼 규정에 의해 굴러가는 곳이니까 잡무가 많을 것으로 예상합니다.

언제던가 강남에서 날렸다는 스타강사를 만나서 장시간 대화를 나눠 본 적이 있습니다. 지금은 나이가 들어 강사직을 그만두고 그와 관련된 사업을 하고 있지만 자부심만큼은 대단하더군요.

그의 말인즉슨 교사들도 이제는 고리타분한 사고방식에서 벗어나야 한다고 하더군요. 사명감만 가지고는 잘 나가는 강사와는 비교조차 안 된다구요. 교직은 '천직'이 아니라 '서비스직'이라는 마인드로 바꿔야 한다고 열변을 토하더군요.

뭐라고 해야 하나, 공교육이 담당해야 할 자리를 사교육이 꿰차고 앉아서 되려 큰소리를 치는 것 같아 입맛이 쓰더군요. 어떻게 하다가 공교육의 자리를 사교육에 빼앗기고도 눈치나 보는 신세가 되었을까요?

더 큰 문제는 대학교 입시가 초등학교에 그대로 적용된다는 데에 있습니다. 수능을 치를 고등학생도 아니고 이제 갓입학한 초등학교 1학년이 이 학원 저 학원 전전하며 과도한 학습량에 빠진다는 게 문제라는 겁니다.

선행학습의 폐해는 학교가 고스란히 받습니다. 학원에서는 행여나 쫓겨날까 봐, 레벨이 하향될까 봐 순둥이처럼 말을 잘 듣던 아이가 학교에만 오면 돌변해 수업 분위기를 흐려놓는 아이로 전락하고 말지요.

이렇게 선행학습으로 인해 수업에 흥미를 잃는 주의산만한 아이들이 갈수록 많아진다는 게 학교의 고민입니다. 예전에는 이런 아이들이 한두 명 정도였는데, 이제는 손가락으로 다 못 꼽을 정도로 많아졌습니다.

공교육과 사교육이 어차피 함께 공존해나가야 할 존재라면 서로 윈-윈할 수 있는 길을 택해야겠지요. 먹고 살기 힘들 때도 사교육은 존재했고, 저조차도 부유한 집안이 아님에도 부모님의 불타는 교육열에 의해 초등학교 때 과외를 받아 본 경험이 있으니까요.

하지만 그 때는 제가 모자라는 부분이거나 취미를 살릴 수 있는 쪽이었습니다. 전 그게 알맞은 방법이라고 생각하고 있습니다.

이제 8살인 1학년 꼬마가 평균 3개의 학원을 전전해야 하는 현실정이 안타까우면서도 행여나 혼자 놀면 뒤처질까 불안해서 보내는 학부모의 심리를 이용해 앞으로 사교육은 더 성장하리라 생각합니다.

사교육 열풍으로 그것을 감당하지 못하는 아이들이 과부하가 걸려 뻥! 하고 터져 버리지 않을지 걱정입니다.

스트레스를 풀 길 없는 요즘 아이들! '걸어다니는 폭탄'과 다름이 없습니다. 건드리면 터지는 화약고를 만들고 싶으십니까?

'사교육 열풍, 이제 그만!'이라고 외치고 싶습니다. 교과 교육은 학교에서, 특기 교육은 학원에서 마스터하는 이분화된 시스템이 하루 빨리 정착되었으면 하는 바람입니다.

올백, 내겐 멀고도 멀었던 꿈의 숫자

"야, 나 올백이다!"

광노의 기쁨에 찬 작은 함성이 크게 들렸는지 아이들의 시선이 일제히 광노에게 쏠렸다. 내 입으로 점수를 발표하지 않으니 누가 몇 점을 맞았는지 모르다가 당사자가 기쁨에 찬 목소리로 올백이라고 외치니 교실은 한순간에 떠들썩해졌다.

자기에 대한 만족감, 그리고 친구들에게 자랑하고 싶은 마음에 올백이라고 외친 광노보다는 아이들의 반응이 더 인상적이었다.

박수소리로 교실은 갑자기 축하 분위기가 되었고, 축하한다는 말의 세레모니가 여기저기서 메아리쳤다.

"우와, 우리 반에서 올백 나왔다."

"광노야, 축하한다."

자기가 올백이라도 맞은 것처럼 아이들의 모습은 그야말로 축하 잔치였다. 멀리서 보면 기뻐하는 아이들 모두가 올백이라도 맞은 것처럼 보였으리라. 친구가 올백맞은 것을 개인이 아닌 우리 반의 축하 파티로 이끄는 신세대 아이들의 깔끔한 사고의식이 너무도 대단해 보인 시간이었다.

몇 년 전의 그림과는 달라도 너무나 달랐다. 그 때는 개인과 개인끼리 경쟁자가 있었고, 그 경쟁의식이 너무도 강했기에 눈으로 다 표가 났다.

한 아이가 올백을 맞으면 그 경쟁자인 다른 아이는 울고불고 난리도 아니었다. 그래서 대놓고 축하도 못해 주었다. 한쪽에서는 우는 아이 위로하느라고, 한쪽에서는 조용히 올백맞은 아이 축하해 주느라고 그야말로 어정쩡한 분위기였다.

너무 어린 나이에 점수 1~2점에 매달리는 것 같아서 안타까웠지만, 그래도 안심할 수 있었던 것은 그 아이는 공부가 취미의 전부라는 사실이었다.

자기 적성을 일찌감치 파악한 그 아이는 공부에 목숨을 걸었고, 어느 대학을 가서 졸업하면 무엇을 하겠다는 것까지 미리 확고하게 세워놓았다. 이렇게 다른 끼가 없이 오로지 공부에만 취미가 있는 아이는 차라리 진로를 잡아 주기가 편하다. 일찌감치 너는 공부 체질이니까 그리로 가라고 하면 되니까 말이다. 자기도 공부가 좋다고 하고, 부모님도 그쪽이라 생각하고, 가르치는 교사도 너는 그쪽이니 그리로만 가라고 밀어 주면 되니까 이보다 쉬운 진로 지도가 어디 있겠는가? 일찌감치 공부로 낙점한 아이들은 점수가 자기 자존심과 연결되기에 그렇게 서러워하는 것이다.

진 것도 분하지만 자기 자신이 실수한 것을 더욱 더 용납할 수가 없기에 눈물로 풀어 버리는 것이다. 그 울고 또 울었던 아이들은 일 년 내내 서로 앞서거니 뒷서거니 하면서 1등 다툼을 하였다.

하지만 지금은 다르다. 아이들은 할 줄 아는 게 너무도 많고 관심사도 공부 하나만이 아니다. 그래서 이것저것 못하는 것이 없을 정도로 다재다능하지만 어느 한 분야를 깊이 들어가면 똑부러지게 하는 게 없다는 단점도 있다. 이것저것 해야 하는 게 많이 늘어났기 때문에 올백 나오기가 예전보다 많이 힘들다. 그래서 예전처럼 올백은 기대하지 않는다. 기대하지 않기에 이번처럼 갑자기 찾아온 올백은 그래서 더 반갑다.

시험 채점을 하면서 늘 느끼는 거지만 올백이 나올 때면 그 제자가 존경스럽기까지 하다. '어떻게 나이도 어린 놈이 실수도 안 하고 이렇게 다 맞힐 수 있을까?' '아이들은 실수해야 당연한 게 아닌가?' 하는 생각에.

솔직히 나는 올백을 한 번도 맞아 본 적이 없다. 꼭 하나씩은 틀려서 엄마 속을 상하게 하고, 시험지 받아가는 날은 손바닥에 불이 나는 날이었다.

"이거 어제 같이 풀어 본 문제잖아. 어떻게 글자 하나 안 틀리고 똑같은 문제를 틀리니? 너 바보니?"

늘 귀가 아프도록 들었던 말이다. 솔직히 엄마랑 같이 풀 때는 맞혔을지 몰라도 시험볼 때 틀린 것은 그 문제형을 근본적으로 이해하지 못했기 때문이다. 엄마가 주도가 되고 내가 수동이 되니 '알겠니?' 하면 '네.' 했다가 뒤돌아서면 모르는 게 당연했던 것이다. 더구나 한 살 이른 나이인 7살에 학교에 들어간 나는 이해력이 많이 떨어져 공부를 하는 데 애를 많이 먹었다.

이해가 안 되어도 그냥 외워 버린 주관식 같은 경우는 쓰기가 쉬웠는데, 이게 그거 같고 그게 이거 같은 객관식에는 정말 약했다. 객관식에 약하다는 것은 근본적으로 그 문제를 이해하지 못한다는 것이다. 그럴 때는 가장 퍼센테이지가 높은 것을 골라야 하는데, 내 짧은 상식에 조금의 퍼센테이지가 나와도 맞다고 생각하다가 답을 놓친 경우가 대부분이었다.

[문제] 여름에 사용하는 것이 아닌 것은?

　　　①부채　②죽부인　③연탄　④선풍기

이번 시험지에 나온 문제를 예로 들면 난 분명히 고심고심하다가 ② 죽부인이라고 답을 적었을 것이다.

엄마가 여름 장마철 때 눅눅하다고 분명히 연탄을 때었기 때문이다. 겨울에 연탄 때는 것을 두 눈으로 보고도 모르느냐고 책망을 들어도 장마철에 연탄 땐 것은 분명한 사실이었기에 어린 나로서는 이해가 안 되었던 것이다. 조금 타당한 것과 많이 타당한 것의 차이를 이해 못한 나는 늘 이렇게 어른 입장에서는 너무도 쉬운 문제를 틀려서 혼나야 했다. 너무도 쉬워서 절대 틀리지 말아야 할 문제인데 그 당시 내게는 고시보다도 어려웠던 객관식 문제였다.

지금 생각해 보면 없는 살림에 자식을 넷이나 키우면서 빠듯한 시간 쪼개어 이해력이 부족한 나를 붙잡고 가르치느라 얼마나 힘들었을까 하는 생각이 든다.

그래서 내 사전엔 올백이 없다. 그렇기에 시험지 채점을 할 때 올백이라도 나오면 내가 올백이라도 맞은 것처럼 기분이 괜시리 좋아진다.

동그라미의 연속 행진이 멈추지 않는 제자의 시험지를 보는 것만으로도 가르친 교사로서 대리만족을 느끼기 때문이다. 올백이 내게는 멀고도 먼 꿈의 숫자였기에 더욱 그럴 것이다.

수행평가도 지필평가만큼 중요합니다

"선생님, 시험 결과 언제 나와요?"

"우리 반에 올백 있어요?"

"옆반에 올백 나왔나요?"

시험을 다 치른 뒤부터 끊임없이 나오는 질문들입니다. 아직 채점도 안 했는데 '시험지는 언제 나눠 줄 거냐?' '내 점수가 몇 점이냐?' 시도때도 없이 물어옵니다.

교장선생님의 결재가 끝나야 하기 때문에 시간이 걸린다고 얘기해도 아이들은 시험만 치면 금방 점수가 나오는 것처럼 조급해합니다. 우리 반 올백뿐만 아니라 다른 반의 올백까지 관심사가 무궁무진합니다.

아이들은 왜 이렇게 올백에 목을 맬까요? 올백을 맞은 뒤에 오는 성취감도 크지만, 그 뒤에 따라오는 선물의 크기도 비례해 큰 탓입니다.

"올백 맞으면 엄마가 핸드폰 사 준댔어요."

124

"올백 맞으면 아빠가 게임기 사 준댔어요."

"올백 맞으면 할머니가 강아지 키워도 된대요."

행여나 올백이라도 맞을라치면 그 기쁨은 현장중계로도 모자라 인터넷상으로 파급됩니다.

"기말고사 올백! 후훗, 난 역시 천재야."

"우리 둘째가 기말고사에서 올백을 맞았네요."

올백만큼 기분좋고 대단한 자랑거리가 또 있을까요? 저라도 올백을 맞으면 사돈에 팔촌까지 자랑하고 다닐 것 같습니다.

하지만 간혹 이런 경우도 생겨납니다.

"이거 뭐 잘못된 거 아니에요?"

"시험은 평균 90점이 넘는데, 어떻게 수행평가가 '잘함'이 아니고 '못함'일 수 있지요?"

시험만 치면 늘 상위권을 유지하는 아이의 부모님이 수행평가 성적표를 보고 기겁을 합니다. 분명히 지필평가 시험은 상급인데 수행평가의 척도는 '매우 잘함'이 아니고 '보통'도 아닌 '못함'에 체크되어 있어서지요.

믿기지가 않는지 확인하러 왔다가 아이가 제출한 수행평가지를 보고는 수긍하고 돌아갑니다.

왜 이런 경우가 생겨날까요?

초등학교의 수행평가는 성적에 포함되지는 않고 5단계로 평가해 체크만 해서 보내 주는 방법을 택하고 있습니다.

성적을 좌우하는 평가가 아니기에 부담이 없을 수 있습니다. 평상시에 치르는 수행평가는 시험이 아니라고 여겨 대충 써냈다가 나올 수 있는 결과입니다. 아는 문제도 틀리고, 사고력을 요하는 문제도 고민 없이 그냥 제출해 버리니 평가 기준에 미달되어 '못함'에 체크되어 나갈 수밖에요.

하지만 중학교의 경우는 다릅니다. 지필평가와 수행평가의 성적을 합해서 평가하기에 지필평가를 아무리 잘 보았다고 해도 20%나 되는 수행평가를 엉망으로 치르면 석차가 뒤바뀔 수도 있습니다.

그래서 저는 6학년 아이들에게 입이 닳도록 얘기합니다. 제발 수행평가를 허투루 치르지 말라고. 글씨체가 나빠서, 평소 노트정리가 엉망이어서, 건성건성 대충하는 습관 때문에 뒤늦게 고민하는 선배들이 많다고.

수행평가는 평상시의 학습 태도라고 보면 무난합니다. 그 습관이 그대로 상급학교인 중·고등학교에 올라가서도 자기주도 학습 능력을 키우는 지름길이 됩니다.

수행평가, 지필평가만큼 중요합니다.

엄마 대신 친구들이 있잖아요

"너희들, 밤에 엄마 아빠 보고 싶다고 울 거지?"

임간학교 행사를 하루 앞두고 우리 반 아이들에게 물었다. 밤새 잠 안 자고 보채며 징징대는 1학년 아이들을 보아온 터라 솔직히 걱정이 되었던 탓이다. 이런 내 물음이 우습다는 듯 아이들이 이구동성으로 대답하였다.

"아이 참, 우리가 뭐 애기인가요?"

"그 말 믿어도 될까?"

"에이, 엄마 대신 친구들이 있잖아요?"

이제 8살밖에 안 되었으면서 어른인 척하는 우리 반 아이들. 믿어 보기로 했다. 걱정은 산더미 같으면서도.

임간학교라 불리는 수련활동은 아이들에겐 집 밖에서 하룻밤 보내는 신나는 체험활동이지만, 1학년 선생님은 아예 몸이 부서

127

질 각오를 하고 가야 하는 고역 중의 고역인 큰 행사이다.

솔직히 고학년 선생님들은 수련현장에서 딱히 할 일이 없어 한가함의 여유마저 누릴 수 있다. 담임선생님이 없어도 굳이 찾지 않는 적응력 빠른 고학년 아이들을 둔 까닭이다.

하지만 저학년 선생님은 한시도 발을 붙이지 못하고 동동거리며 뛰어다녀야 한다. 담임선생님이 보이지 않으면 금새 '우리 선생님 어디 갔느냐?' 고 찾고 불안해하는 까닭이다.

수련원측의 교관도 아무 소용이 없다. 강한 기합을 주지 말고 유연하게 지도해 달라는 학교측의 주문에 이제는 교관의 말빨도 먹히지 않는 탓이다. 그래서인지 1학년 꼬마에게 교관이 쩔쩔매는 웃지 못할 일도 생긴다.

"어떡하면 좋아요? 쟤가 저녁을 안 먹겠다고 떼를 쓰네요?"

"왜요?"

"자기가 지금 무척 화가 나 있으니 건들지 말래요."

이런 개인적인 고충부터 단체활동의 어려움까지 담임은 일일이 개입하고 보살펴 줘야 한다. 그래서 학교 교실에서 수업할 때보다 몇만 배는 힘이 더 든다.

아침이 되면, 유난히 떡이 져서 빗조차 들어가지 않는 여학생들의 긴 머리를 물을 묻혀가며 일일이 빗기고 묶어 줘야 한다. 그리고 널브러진 이불 개키는 것도 가르쳐 줘야 하고, 아침 먹을 시간까지 함께 산책하며 놀아 줘야 한다.

낮의 활동 시간엔, 아이들 뒤를 졸졸 따라다니며 이탈자가 없는지, 아픈 아이는 없는지, 장난을 심하게 쳐서 단체활동을 방해하는 아이는 없는지 끊임없이 관리해야 한다.

그리고 저녁을 먹은 뒤의 자유 시간엔, 긴장이 풀린 이 때가 사고가 가장 많이 나기 때문에 한시도 아이들에게서 눈을 뗄 수가 없다. 열고 닫는 문은 안전한지, 방 안의 물건들이 노후되어 위험한 것은 없는지, 아이들의 놀이는 과격하지 않은지 하나하나 지켜봐야 한다.

마지막으로 잠자기 전엔, 샤워실에 데리고 가서 씻는 것을 도와줘야 한다. 남학생은 남선생님이, 여학생은 여선생님이 맡아서. 머리가 긴 여학생을 씻기는 일은 남학생보다 배나 힘이 든다. 여학생들의 머리는 왜 그리도 한결같이 긴지. 그 후 잠옷으로 갈아입히고 잠을 재운다.

친구들과 함께 첫날밤을 보낸다는 흥분에 좀체 잠 못 드는 꼬마들. 모두 잠을 재운 뒤에도 혹시나 깨어 울고 보채는 아이가 있을까 봐 특히 1학년 선생님은 아이들과 같은 방에서 잠이 드는 게 보통이다.

이렇게 아이들과 함께 1박 2일을 보내고 오면 완전 초죽음이 된다. 몇 년은 어디서 노숙 생활을 하기라도 한 것처럼 몰골은 꾀죄죄하고 몸은 파김치가 되어 흐느적거린다.

그래도 마음만은 날아갈 듯 가볍고 뿌듯하다. 아직 때묻지 않은 순수한 아이들과 함께 몸으로 마음으로 부대끼면서 정말 엄마가 된 것 같은 끈끈한 정을 체험했기에.

함께 같은 방에서 잠들고 일어난 아침, 화장을 안 해 누렇게 뜬 내 얼굴을 보고는, "선생님 얼굴이 이상해요." 하면서도 이불차를 태워 주는 놀이에 동참하며 즐거워하던 우리 반 아이들에게 이렇게 말해 주고 싶다.

"너희들은 친구가 있어서 울지 않았지만, 난 너희들이 내 곁에 있어서 힘들지 않았어. 밤에 칭얼대는 친구 한 명 없이 임간학교 생활 잘해 준 거 무지무지 고마워. 학교 엄마인 내가 힘들까 봐 배려해 준 거 잘 알아. 우리 이쁜이들, 사랑해!"

남학생은 목표지향적, 여학생은 관계지향적

"친구들과의 관계는 원만한가요?"

"혼자 자라서 고집을 피우지는 않나요?"

"친한 친구하고만 지내려 하는데 괜찮을까요?"

학부모 상담을 할 때 가장 많은 질문 중의 하나가 친구 관계입니다. 한 가정의 출산율이 1.08명. 외동아이 시대에 접어든 요즈음의 추세에 걸맞는 당연한 고민이라 생각합니다.

그런 까닭에 예전과 달리 친구 관계에 서툰 아이들을 심심찮게 볼 수 있습니다. 부모와 같은 어른들에겐 그럴 수 없이 상냥하고 곰살맞은 아이가 친구들에게는 되도 않은 고집을 피워 고립된다든지, 발표할 때도 놀 때도 먹을 때도 어떤 상황이든 자기가 대장이 되어야 직성이 풀리는 아이의 욕심 때문에 늘 싸움을 달고 산다든지… 형제 관계의 아이라면 자연스럽게 가정에서 터득하게 되는 타협이나 양보에 익숙치 않아서 그런 게지요.

이제 애정의 대상이 부모에게서 또래로 옮겨가는 초등학교 시기의 친구 관계 형성은 무척 중요합니다.

　대체적으로 남학생들은 여러 상황에서 둥글게 대처하는 편임에 비해, 여학생들은 작은 일에도 예민하게 반응하는 경향이 있습니다. 남학생은 목표지향적인 사고를 가지고 있고, 여학생은 관계지향적인 사고를 가지고 있기에 그러합니다.

　이런 차이 탓에 남학생들은 어떤 문제에 봉착했을 때 목표지향적인 해결책을 제시하지만, 여학생들은 해결보다는 관계를 통해 위로를 받고자 하는 탓에 문제가 쉬이 해결되지 않을 때가 많습니다.

　"단짝친구가 다른 친구와 더 친하게 지내요."

　"친구를 사귀고 싶은데 그 애는 이미 단짝친구가 있어요."

　"00 때문에 단짝친구가 절교하재요. 죽고 싶어요."

　친구를 넓게 많이 사귀는 남학생들에 비해 여학생들은 주로 단짝이나 마음에 맞는 친구 몇몇끼리 깊게 사귀는 경향이 있기에 이런 문제가 생깁니다. 예전이나 지금이나 여학생들의 단짝 집착증은 여전히 풀리지 않는 숙제로 진행중입니다.

　화장실에도 같이 가고 교환일기도 쓸 만큼 친하던 단짝이 다시는 안 볼 것처럼 절교하는 예를 여전히 볼 수 있다는 게지요.

　그 원인은 딱 하나, 둘 사이에 새로운 친구가 끼어들었을 경우입니다. 이럴 때 초반에 현명하게 대처하지 않으면 등을 돌리는 것도 모자라 학교생활까지 힘들어지는 사태로 발전합니다. 설상가상으로 부모의 악감정까지 합세할 경우에는 감정의 골이 깊어질대로 깊어져 둘 중 한 명은 전학을 가야 하는 불상사까지 겪게 됩니다.

친구를 독점하고 싶은 마음으로는 우정을 절대 얻을 수 없음을, 집착보다는 친구에 대한 배려를 할 때 비로소 진실된 우정을 얻을 수 있음을, 친구도 나와 똑같은 마음이기를 기대하지 않는 것이 우정을 지키는 최선의 방법임을 깨우쳐 주어야 합니다.

목표보다는 관계를 무척 소중히 여기는 여학생들이 친구를 소유로 생각하지 않도록 수위를 적당히 조절해 주는, 부모로서의 현명한 가이드가 필요합니다.

만들기 힘들다는 단짝을 한순간의 오해와 집착으로 잃는다면 그것만큼 큰 손실이 없을 겁니다.

'마음이 통하는 친구 셋만 있어도 그 인생은 성공한 것'이라고 하잖아요.

얼짱이지만 성격 나쁜 여자와
못생겼지만 성격 좋은 여자

"야야야, 얼굴은 잘생겼는데 성질 더러운 여자랑 얼굴은 못생겼
는데 성격 좋은 여자 중 누구랑 결혼할래?"

딱딱한 공부 시간의 정적을 깨는 헌영이의 생뚱맞은 제안에 교
실 분위기가 삽시간에 달아올랐다.

나중에 개그맨이 되고 싶다는 헌영이는 늘 공부 이외의 딴 얘기
로 분위기를 업그레이드시켜놓을 때가 많다. 끼가 넘치고 두뇌 회
전이 빠른 헌영이는 사교성이 좋아 늘 많은 친구들을 매달고 다니
는 남학생이다.

인정도 많은 데다가 의리도 있어 겉으로 드러내어 표현하진 않
지만 내가 속으로 무척 아끼는 녀석이다.

진도 나가기에 바쁠 평상시 같으면야 쓸데없는 소리 말라며 지
청구를 먹였을 텐데, 저절로 긴장이 풀어져 노곤노곤해지는 6교

시의 느슨함에 활력을 불어넣는 것도 좋을 것 같아 전체 논의 주제로 삼아 보자고 했다.

그러자 남학생들은 이구동성으로 이의를 제기했다.

"야, 세 번째는 없냐? 얼굴도 잘생기고 성격까지 좋은 여자. 둘의 좋은 점만 짬뽕시키면 딱인데 말야."

"그럼 모두 3번을 하게? 그러면 질문이 안 되지. 세상 일이란 게 그렇게 입맛대로 되는 게 아니거든. 둘 중 하나만 골라야 돼."

헌영이가 그 털털한 웃음을 매달고 꼭 둘 중 하나여야 한다고 하니 남학생들의 표정이 진지해졌다. 여학생들도 덩달아 숙연해졌다. 남학생들의 입에서 어떤 대답이 나올지 궁금해하는 표정이 역력했다.

나 또한 얼굴만 예쁘면 다 용서된다고 하는 요즘의 세태를 반영해 어떤 얘기들이 나올지 정말 궁금했다.

얼굴도 예쁜 데다가 공부까지 잘하면 금상첨화라고 하면서, 못생긴 여자가 공부를 잘하면 독하다고 하는 유머를 한낱 우스갯소리로만 치부할 일은 아닌, 외모 지상주의가 팽배해 있는 현세태이기 때문이다.

"전요, 성격 좋은 여자랑 결혼할 거예요. 이런 말도 있잖아요. 여자 하나 잘못 들이면 집안이 망한다고요."

"저두요. 못생긴 얼굴은 성형수술하면 되지만요, 성질 더러운 것은 절대 못 고쳐요."

"성질 나쁜 여자들은요, 우리 부모님을 모시려고 하지 않고 혼자 편하게만 살려고 해요. 그래서 남편은 부모와 아내 사이에서 너무 힘들어요."

"친구들이랑 술도 한잔하고 집에 데리고 와서 같이 놀고 싶어도 성질 나쁜 여자는 그것을 용납 못 해 주고 바가지 긁으니까 착한 여자가 나아요."

"얼굴 예쁘면 바람 피울 가능성이 많잖아요. 그래서 이혼이라도 하게 되면 주위에서 이혼남이라고 손가락질받을 거구요, 그럼 부모님 얼굴에도 먹칠하는 거니까 불효하는 거죠."

남학생들은 나의 예상을 완벽하게 깨고 후자 쪽에 압도적인 표를 몰아 주었다. 후자를 택한 이유가 전혀 어린아이답지 않게 아주 현실적인 것이어서 깜짝 놀랐다.

결혼 후에 일어날 상황을 미리 예견하고 구체적으로 얘기하는데 입이 떡 벌어질 지경이었다. 결혼을 앞둔 적령기의 남자들이나 할 법한 소리를 아직 철부지인 초등 6학년에게서 듣다니, 내 귀가 잘못된 게 아닌가 의심이 들 정도였다.

반대로 아주 소수이긴 했지만 얼짱을 택한 의견에도 나름대로 이유가 분명했다.

"못생긴 애와 결혼하면 2세는 못난이가 될 거고, 3세는 더더욱 못생긴 애가 나와서 안 됩니다."

외모가 예뻐서가 아니라 2세, 3세를 논하는 것을 보니 참 뭐라고 할까, 우리 세대와는 달라도 너무 다르다는 생각이 들었다.

덩치만 컸지 생각없이 사는 것 같고, 내가 원하는 대로 가지 않아 애를 먹을 때도 있지만, 이렇게 나름대로 뚜렷한 결혼관을 가지고 의사표현하는 것을 보니 안심이 되었다. 그러면서도 과연 그렇게 머릿속의 생각처럼 될까 하는 생각이 들었다.

언젠가 우리 반에 여학생 한 명이 전학왔을 때, 남학생들은 이구동성으로 선생님이 얼른 교무실에 가서 얼굴이 예쁜지 보고 오라고 했고, 덩달아 옆반 남학생들까지 술렁이고 난리도 아니었다.

그렇게 얼굴부터 따지는 놈들이 정말 외모하고는 상관없이 여성을 고르게 될까 싶었다. 사랑의 감정이라는 게 그렇게 이론대로 될런지…….

어쨌든 늘 웃음을 매달고 사는 헌영이 덕분에 한 시간 진도는 못 나갔지만 맘껏 웃어 본 날이었다.

사춘기요? 지나고 보면 별거 아니에요

"우리 아이가 조숙해서 초경을 할까 봐 걱정이에요. 이른 초경을 하면 키가 안 큰다잖아요. 그래서 성호르몬 억제 주사를 맞히려구요. 어떤 아이는 2학년 때 초경을 했대요. 정말 끔찍하지요?"

네, 정말이지 끔찍합니다. 이제 구구단을 외울 시기의 아이가 초경을 하여 혼자 화장실에서 뒤처리할 생각을 하면 마음이 짠해 옵니다.

또래 친구들과 몸을 부대끼며 맘껏 뛰어놀아야 할 나이에 고사리 같은 손으로 생리대부터 챙기고 관리해야 한다고 생각하니 정말 끔찍합니다.

사단법인 보건교육포럼에서 내놓은 '전국 초·중·고 여학생 초경 현황 연구' 결과에 의하면 학생 평균 초경 연령은 11.98세라고 합니다. 초경 연령이 점점 빨라지는 추세라고 하니, 이러다간 초등학생이 되자마자 초경을 하는 게 아닌지 슬그머니 걱정이 되기도 합니다.

138

인터넷 신문에 말레이시아의 9세 소녀가 제왕절개로 건강한 아기를 낳았다는 기사가 해외토픽으로 떴더군요. 비록 남의 나라 얘기이긴 하지만 일어나서는 안 될 최악의 임신 소식에 치가 떨리더군요.

보통 여학생은 초경을 겪으면서, 남학생은 몽정을 경험하면서 여자는 여성답게, 남자는 남성답게 변모하게 됩니다. 육체적으로 성인이 되는 이 때가 되면 아이들은 이성에 관심을 갖는 사춘기를 맞이하게 됩니다.

"선생님, 착하던 우리 아이가 갑자기 대들고 반항을 해요. 저 애가 내가 낳은 아들 맞나 하는 생각까지 들어요."

"공부를 잘하던 아이가 성적도 뚝 떨어지구요, 무슨 말만 하면 아예 문닫고 들어가 버려요."

"요즘은 사춘기가 4~5학년 때 온다고 하더니, 그 말이 맞나 봐요."

사춘기 기간 동안은 급격한 스트레스로 부모의 잔소리가 듣기 싫어지고, 부모에게 반항을 하고 싶고, 심하면 폭력을 휘두르는 현상까지 일어나기도 합니다.

이제 어린아이도 아니고, 그렇다고 성숙한 어른도 아닌 어정쩡한 상태의 자신을 보면서 스스로 불안해서 그러는 것입니다. 낯선

신체 현상에 두려워 떠는 것이라고나 할까요? 아이들 몸에 일어난 급격한 변화에 따라 동요나 변화가 일어나지 않는다면 그게 더 이상한 게 아닐까요?

이제 중3이 되어 열공모드중이라는 제자가 그러더군요.

"선생님, 초딩 만땅인 사춘기 때 우리의 생떼를 받아 주시느라 힘드셨죠? 하하하, 우리야 지금 사춘기 다 떼고 열공중이지요. 뒤늦게 사춘기가 와서 공부도 안 하고 방황하고 있는 친구들을 보면 에고고, 아직 철없는 것들이라는 생각이 들어요. 쯧쯧쯧."

사춘기를 심하게 겪던 6학년 때, 함께 감정이 격앙되어 윽박지르지 않고 받아 주길 잘했구나 하는 생각이 들었습니다.

사춘기에는 비록 아이들이 넘치는 행동을 할지라도 믿고 있다는 느낌이 들도록 존중하고 지켜봐 주는 인내가 필요합니다. 지나가는 바람이라 생각하고 잠시 한 호흡 멈추고 서서, 아이 스스로 이겨낼 수 있도록 응원을 보내 주세요.

"사춘기요? 지나고 보니 별거 아니네요. 너무 벗어나는 행동만 하지 않도록 잡아 주시고, 스스로 느낄 수 있도록 지켜봐 주시면 돼요. 금방 다시 돌아와요."

제자들의 말에 정답이 있습니다.

여자 선생님은 여자만 예뻐해요

"음악 선생님은 여자라서요, 여자만 예뻐하고 남자들은 미워해요."

"체육 선생님은 남자라서요, 남자만 좋아하고 여자들은 싫어해요."

음악시간이 되면 노래 부르기 싫어하는 남학생들의 입이 한 대 빨은 튀어나오고, 체육시간이 되면 움직이기 싫어하는 여학생들의 입이 참새부리처럼 뾰족 튀어나온다.

차분한 분위기에서 노래를 부르게 해야 하는 음악선생님은 엉덩이가 들썩거리는 남학생에게 잔소리를 해야 하고, 활동적으로 움직이게 해야 하는 체육선생님은 엉덩이가 무거운 여학생에게 잔소리를 해야 하는 반대의 상황이 연출된다.

그런 상황이 같이 가르침을 업으로 삼고 있는 담임교사인 나는 지극히 이해가 되고도 남는데 아이들은 그것을 차별로 받아들인다. 편애니 뭐니 해 가면서 볼멘소리를 해대는 아이들을 보면 웃음부터 나온다. 어쩜 그렇게 시대가 바뀌었어도 원초적인 질투심은 예나 지금이나 똑같은지.

"엄마는 막내동생만 좋아해."

"선생님은 공부 잘하는 아이만 예뻐해."

"동아리 선배는 여시 같은 후배한테만 잘해 줘!"

"상사는 앞에서 알랑대는 부하직원 말만 잘 들어 줘."

상황 판단 못하는 어린아이나 그럴 나이가 지난 어른이나 대상만 달라졌을 뿐 원초급의 시샘은 여전하다.

생각의 키가 넓어진 어른조차도 그런 딜레마에서 헤어나오지 못하고 있으니 질투의 본능은 영원히 해결할 수 없는 숙제가 아닌가 한다. 나 또한 겉으로 표현하진 않지만 지금도 이 문제는 현재 진행형이다.

하지만 교직에 발을 들여놓고부터 바뀐 것은 있다. 아이들에게만큼은 누구만 예쁜 게 아니라 누구든 다 예쁘다는 것이다.

말썽꾸러기라서 눈에 먼저 띄는 녀석부터 어디에 있는지도 모르는 조용한 녀석까지 모두모두 하나씩은 다 예쁜 구석이 있다는 것이다.

활달한 녀석은 한번씩 사고를 쳐서 속을 뒤집어놓을 때도 있지만 뒤끝이 없어서 좋고, 없어도 없어진 줄 모르는 조용한 녀석은 눈길은 좀 덜 가지만 스스로 알아서 하니까 믿거니 해서 좋고, 공부는 잘하지만 성깔 있는 놈은 고 성질 땜에 뭔가는 할 것 같아서 좋고, 공부는 못하지만 덜렁덜렁한 녀석은 성격이 시원시원해서 좋고…….

이래서 예쁘고 저래서 다 예쁜데 개구쟁이과의 녀석들은 꾸지람만 받다 보니까 선생님이 자기만 미워하는 줄 알고, 조용한 녀석들은 눈길이 자주 안 가니 자기에게 관심이 없다고 서운해한다.

꾸지람은 그만큼 기대가 크기에, 눈길의 소원함은 믿는 구석이 있기에 그러함을 아직 모르는 까닭이다. 언제쯤이면 깨물어서 안 아픈 손가락이 없다는 진리를 깨닫게 될까?

얘들아, 아침 8시 30분부터 오후 2시 30분까지 매일 6시간을 함께 부대끼며 생활하는 내가, 부모님보다 더 많은 시간을 함께 하는 내가 너희들 24명의 마음을 모르겠냐?

선생님께 인정받고 싶어서, 친구들 앞에서 폼 한번 재 보고 싶어서 돌출행동하는 네놈들의 속마음을 내가 모를 것 같니?

편애한다는 말에 맞장구를 칠 수 없는 것은 무엇보다 너희들을 공부에 집중하게 해서 하나라도 더 가르치고픈 음악선생님과 체육선생님의 열정을 누구보다 내가 더 잘 알기 때문이지.

내가 알려 줄까, 진실을?

꾸지람은 애정의 반증이라는 것이고, 아직도 너희들에 대한 사랑이 열렬히 남아 있다는 증거야. 꾸지람보다 더 무서운 것이 무관심이라는 걸 알게 되면 너희들의 온몸에 전율이 일걸?

여자라서 여학생을 예뻐한다고? 남자라서 남학생을 좋아한다고? 그건 너희들의 소극적인 성취 욕구나 과한 행동을 감추려는 핑계에 불과하다고 생각해. 모자라거나 넘치는 행동에 대한 질책이었다는 것을 정확히 알기 바란다. 그런 행동이 고쳐지면 요런 말이 다시 나올 테니까.

"음악선생님은 여자라서 여자를 예뻐하구요, 남자들은 더 예뻐해요."

"체육선생님은 남자라서 남자를 좋아하구요, 여자들은 더 좋아해요."

'아무개 반만 닮아라' 비교하지 마세요

😊	순위	😑
사랑해.	①	공부 좀 해라.
용돈 줄까?	②	아무개 반만 닮아라.
너를 믿어.	③	왜 그렇게 생각이 없니?

서울특별시 아동복지센터에서 실시한 설문조사 문항입니다.

😊 와 😑 에 들어갈 설문은 무엇일까요?

답변을 보고 정답을 바로 짐작하셨으리라 생각합니다.

😊 은 어린이들이 부모로부터 듣고 싶은 말은?

😑 은 어린이들이 부모로부터 듣기 싫은 말은?

혹시 😑 의 1, 2, 3순위에 해당하는 말을 무심코 쓰고 있지는 않으신지요?

예전에는 형제자매와 비교당하는 게 싫다는 항목이 순위 첫번째에 있었습니다.

"형한테는 갖은 정성 다해서 뜨신 밥 차려 주는데 나한텐 니가 알아서 차려먹으라고 할 때가 가장 속상했다."

"사고만 터졌다 하면 모든 책임을 형인 나에게 전가시키는 부모님이 야속하다."

같은 형제 관계에서의 비교도 이렇게 서러운데 하물며 피 한 방울 섞이지 않은 친구의 50%만 닮으라고 한다면 얼마나 더 서러울까요?

요즘은 외동이 많다 보니 형제 관계보다는 친구와 비교를 당하는 것에 스트레스를 받습니다. 그것이 '공부 좀 해라'의 다음 순위이니 얼마나 많은 아이들이 그런 말을 듣기 싫어하는지 알 수 있을 것입니다.

무심코라도 '아무개 반만 닮아라'라는 말은 하지 마십시오. 입장 바꿔 자녀가 '아무개 부모 반만 닮았으면 좋겠다'고 하면 기분이 어떨까요? 피가 거꾸로 솟는 기분이 들지 않을까요? 아이는 나름대로 열심히 살고 있는데 단지 친구가 공부를 잘한다는 이유 하나만으로 비교를 당한다면 자존심이 무척 상할 것입니다.

'아이들은 엄마아빠의 꼭뒤를 보고 자라난다'는 말이 있습니다. 꼭뒤는 뒤통수의 한가운데를 말합니다. 비교를 당하여 자존감이 바닥까지 떨어진 자녀의 축 처진 어깨가 현재 부모의 모습이라면 생각만 해도 서글프지 않나요? 타인과의 비교가 나쁜 이유는 내면의 자존심을 건드려 자존감을 낮추는 결정적인 역할을 하기 때문입니다. 어릴 때부터 나는 '나쁜 아이=못하는 아이'로 내면화하는 우를 범하게 됩니다.

뇌가 없는 식물도 사랑과 미움의 감정을 알아차린다고 하는데 하물며 생각하는 동물인 사람이야 오죽할까요?

친구와의 비교는 금물입니다. 부정적인 말보다는 긍정적인 말을, 미움의 말보다는 사랑의 말을 해 주길 바랍니다.

침묵의 말인 눈빛으로라도 비교하지 마십시오. 부모가 자녀를 존중해야 내 아이도 다른 사람에게 존중받는 사람이 됩니다. 마음의 양식이 될 좋은 글귀를 소개합니다.

사람을 이롭게 하는 말은 따뜻하기가 솜과 같고 남을 해치는 말은 날카롭기가 가시와 같으니, 한마디 말이 남을 이롭게 하는 것은 중요하기가 천금의 가치가 있고 한마디 말이 남을 해치는 것은 아프기가 칼로 베는 것과 같다. _명심보감

쉬는 시간이
20분 아니, 30분이었으면 좋겠다

캐나다에 한 달 동안 아이들을 이끌고 어학연수를 갔을 때 가장 부러웠던 것은 초등학생들의 일과 시간이었다.

우리 아이들은 축구장이라 해도 손색이 없을 정도로 손질이 잘 된 드넓은 천연잔디 운동장을 부러움 1순위로 꼽았지만, 가르치는 게 직업인 내 눈에는 물리적인 환경보다는 학교의 하루 일과가 먼저 눈에 들어왔다.

그네들은 9시에 수업을 시작해서 80분 수업하고 20분 쉬고, 또 80분 수업하고 점심 먹고, 오후에 80분 수업하고 일과를 마쳤다.

한눈에 보기에도 간단한 하루 일정이었다. 세 번 공부하고 간식 먹고, 점심 먹고, 집에 가는 게 끝인… 나같이 복잡한 것을 싫어하는 스타일에게는 그지없이 좋은 시종시간이었다.

우리와 똑같이 240분 수업이라지만 체감으로 다가오는 느낌은 달라도 많이 달랐다. 아이스바에 비유한다면 캐나다는 아이스바가 3개이고 우리나라는 둘이 나누어먹을 수 있도록 세분한 쌍쌍바 3개라는 것이다. 수박에 비유해 본다면 수박을 통째로 주는 것과 두 조각으로 나누어 주는 차이라고나 할까?

온전한 수박은 용도가 다양하다. 다시 되팔 수도 있고 선물로 줄 수도 있고 자기가 먹을 수도 있다. 하지만 자른 수박은 그 자리에서 다 먹어치워야만 하는 단세포용밖에는 안 된다.

쉬는 시간이 온전한 20분이면 무언가 하나는 할 수 있지만 5분으로는 그 무엇도 못하는 자투리 시간이라는 얘기다. 그야말로 정신없이 화장실 갔다오고 친구들과 얘기 나눌라치면 다음 수업 시작종이 울려 부랴부랴 교과서를 펴야 하는 시간.

딱지치기하며 놀고 싶어도, 친구들과 수다를 떨고 싶어도, 아님 혼자서 책을 읽고 싶어도 그냥 폈다가 덮어야 하는 그런 찌질한 시간.

캐나다의 쉬는 시간 20분은 그야말로 무엇이든지 할 수 있는 온전한 시간이었다. 쉬는 시간이면 무조건 밖으로 나가야 한다는 조항이 있어 그 시간에 교실의 불은 모두 소등이 된다. 놀기 싫어도 아이들은 쪼그려앉아 있을지언정 밖으로 나가야 한다.

그렇다 해도 바깥 경치가 좋으니 보고만 있어도 마음은 상쾌해지게 되어 있다. 잔디밭에서 공놀이하기, 무작정 잡기놀이, 걸어

다니며 수다 떨기, 땅 위를 기어다니는 벌레잡기 등 아이들이 하는 놀이는 무궁무진했다.

수업 시간 80분 동안 집중해서 공부하느라 소모된 에너지를 20분 동안 초록의 풀밭을 뛰어다니며 재충전할 수 있는 이네들의 여유가 부러웠다. 우리도 이런 시종 시간을 만들자고 한다면 아마 반대할 사람들이 부지기수일 것이다.

"아이들이 80분 동안 가만히 앉아 있을 것 같으냐?"

"전교생이 뛰어놀 운동장이 어디 있느냐?"

"한꺼번에 아이들을 우르르 풀어놓았다가 다치기라도 하면 어쩔 것이냐?"

이렇게 반문한다면 더 할 말이 없다. 그 쉬는 시간에 기분 한번 풀어 주려다가, 엘리베이터도 없는 높은 층에서 우르르 계단을 뛰어내려오다 인명사고라도 난다면 상상만으로도 끔찍하기 때문이다.

우리가 학교 다닐 때에야 한 교실에 60명이 넘는 인원이 올챙이처럼 바글바글거렸어도 사고 한 번 나는 일이 없었다. 복작거리는 교실에서나 철봉대 하나 달랑 있는 운동장에서나 우리의 놀거리는 무궁무진했다.

지금 돌이켜보면 아이들의 문화는 공부 시간이 아닌 쉬는 시간에 있었다. 쉬는 시간 10분 동안 교실바닥에 퍼질러앉아 공기놀이를 했고, 딱지치기를 했고, 운동장에 나가서는 원도 없이 술래잡기를 했고, 손톱에 새카만 때가 끼도록 땅따먹기를 했고, 그것도 모자라 집에 돌아와 골목에서 진놀이를 하다가 어스름녘 엄마가 부르면 그 때서야 어슬렁어슬렁 집으로 돌아가곤 했다.

지금도 늘 생각나는 것은 공부를 가르쳐 준 선생님이 아니라 동네 아이들과의 반복되는 놀이였다. 그 곳에서 나는 규칙을 배웠고 살아가는 데 필요한 지혜를 배웠고 공평이 무엇인지 배웠다.

교육과정에 의해 가르치는 학교 공부와 부모님이 시키는 과외는 어른이 만든 문화지만, 쉬는 시간 놀이 시간 만큼은 아이들이 이끌어가는 자생문화였기에 더 가슴에 와 닿았던 까닭이다.

그 문화가 지금은 줄어들고 없다. 아이들이 스스로 꾸려나가야 할 놀이문화를 어른들이 학원 공부로 거의 다 빼앗아가 버렸기 때문이다.

쉬는 시간도 아깝다고 10분을 5분으로 줄이고, 방과 후 노는 시간도 눈꼴시다고 이 학원 저 학원으로 뺑뺑이 돌리고, 정녕 아이들을 위한 프로그램을 운영하고 있는지 묻고 싶다.

그래서인지 요즘 아이들은 스스로 생각하고 스스로 판단하는 일에 너무도 어설프다. 친구와 둘이서 해결할 수 있는 문제도 늘 선생님이 판단해 주기를 바란다. 그 일례가 일러 주는 아이들이다.

예전에는 이르는 아이가 고정되어 있었다. 내가 학교 다닐 때만 해도 선생님의 총애를 한몸에 받는 공부 잘하는 아이 한둘이었는데, 요즘은 너도나도 할 것 없이 조금만 수틀리면 일러 주기를 서슴치 않는다.

"쟤가요, 지금 낙서하고 있어요."

그래서 보면 일러 주는 아이는 앞에 있고 이름 불린 아이는 뒤에 있다. 자기가 뒤를 돌아본 것은 전혀 문제삼지 않고 뒤에서 낙서하고 있다고 일러 주는 아이들, 그것도 쉬는 시간이 아닌 수업 시간에 공부의 흐름을 끊으며 일러 줄 때는 정말 말문이 막힌다.

공부 시간인지 쉬는 시간인지 헤아릴 판단력도 없다. 지금 일러 주는 아이에게 가장 시급한 사안은 공부가 아니라 친구의 아니꼬운 꼴을 일러 줘야만 직성이 풀리기에 그렇다.

학교에 오면 선생님이 판단해 주고, 학원에 가면 학원선생님이 판단해 주고, 집에 가면 엄마가 판단해 주고… 스스로 판단할 만한 놀이문화가 아이들에게는 없다.

그래서인지 덩치는 산만한 아이들이 노는 꼴을 보면 유아 수준을 못 벗어난다. 그래서 겁이 난다. 치고 박고 싸우는 일들을 보면 미운 일곱 살처럼 아주 단순한 일일 때가 많기 때문이다.

먼저 원인 제공을 했으면서도 사과도 안 하고 맞았다고만 우기면서 떼를 쓸 때는 참으로 어이가 없다. 남의 얘기는 듣지도 않겠다는 뜻이고 무조건 자기 주장만 하면서 옳다고 고집을 피운다.

누가 우리 아이들을 이렇게 만들었는가? 바로 우리 기성세대다. 아이들에게 생각할 시간도 주지 않고 어른들의 시각에 맞추어 학교로, 학원으로, 집에 와서도 과외 숙제로 쉴 틈이 없게 만든 어른들.

그래서 아이들은 스스로 생각하고 말고 할 시간도 없다. 아이들은 스스로 판단해도 될 일을 선생님께 맡기고 엄마한테 맡긴다. 그래서인지 예전보다 아이들 싸움이 어른 싸움으로 전이되는 일이 잦아졌다.

시간을 많이 주면 사고가 날까 염려하는 선생님들, 학원에 보내지 않으면 남들보다 뒤떨어지지 않을까 불안해하는 학부모들, 아이들조차도 학원을 가지 않으면 낙오자가 되는 게 아닐까 불안해하는 지금, 우리는 남들이 하니까 내 아이도 그만큼은 해야 된다고 눈치를 보면서 사는 것은 아닌지, 다시 한 번 아이들을 위한 교육에 대해 진지하게 생각해 봐야 하지 않을까 한다.

커서 보니 내가 어릴 때 그렇게 죽기살기로 배웠던 주산이 과연 지금 내가 살아가는 데 얼마만큼 도움을 주고 있는지 생각해 본다.

남보다 조금 빠른 계산과 쉽게 풀어내는 셈 정도이지, 경제 관념은 꽝인 여자로 살고 있지 않은가?

　한때 유행이었던 과외를 받으며 지금은 아무짝에도 쓸모없는 것들을 왜 그 당시에는 안 배우면 안 될 것 같은 조바심에 애태웠는지 생각해 본다. 주산이라는 게 박물관의 뒷방으로 사라질 운명이라는 것도 모른 채.

　잘하는 거, 만능인 거 다 자기만족일 뿐 어차피 전문가는 못 따라가게 되어 있다. 내가 아무리 야구를 잘한다고 해도 박찬호한테는 못당하고, 바느질을 잘한다고 해도 앙드레 김한테는 못당한다. 어차피 전문가가 있으니 그 분야는 전문가에게 맡기면 되는 것이다.

　팔방미인을 만들겠다고 쉬는 시간, 노는 시간 줄여서 아이들 숨통을 조이지 말고, 10분이 아닌 20분이나 30분으로 늘려서 아이들이 스스로 자생할 수 있는 문화를 만들어 줘야 한다고 생각한다.

　그래서 이번 방학만큼은 학원으로 뺑뺑이 돌리지 말고, 쉬는 시간을 많이 주어 아이들이 스스로 판단하고 해결법을 찾을 수 있도록 느긋하게 지켜보는 시간을 많이 가졌으면 하는 바람이다.

쉬는 시간, 자투리로 짤끔짤끔 주지 마세요

"서울 지역 587개 초등학교 가운데 35개교가 '쉬는 시간 5분제'를 적용중인 것으로 밝혀져 학생인권침해 논란이 일고 있다. 서울시교육청은 논란이 거세지자 쉬는 시간을 종래의 10분으로 늘려 달라고 해당 학교들에 요청했지만, 여전히 쉬는 시간 5분제를 강행하고 있는 학교들이 남아 있는 것으로 나타났다."

이런 기사가 나온 뒤 여론이 들끓자 대부분의 학교가 다시 10분으로 환원했고, 몇몇 학교는 특성화교육의 이유를 들어 5분제를 지속하고 있다고 합니다.

어쩌다 이런 지경에까지 이르렀을까요? 정규 교과 수업 후에 방과후학교도 운영해야겠고, 다른 학교와 차별화되는 특성화교육도 해야겠고, 학원 가는 아이들 시간까지 배려하다 보니 고육지책으로 내놓은 결과일 겁니다. 안 봐도 뻔히 그려지는 그림입니다.

요즘의 학교교육과정의 운영은 예전과 달리 학교 혼자가 아닌

155

학부모와 함께 결정하는 것이 다반사입니다. 학부모의 의견을 수렴한 결과를 바탕으로 교육과정이 운영되기에 이런 시정표가 결코 학교 독단으로 이루어졌을 거라고는 생각지 않습니다.

예전에 우리도 쉬는 시간을 5분으로 줄이면 어떻겠느냐는 문제에 대해 진지하게 논의를 한 적이 있습니다. 하지만 대다수 선생님의 반대에 부딪쳐 무산되고 말았습니다. 그 이유는 누구든지 공감하는 의견과 일치합니다.

화장실 다녀오기에도 빠듯한 시간, 서두르다 다칠 수 있는 안전 문제, 과열된 두뇌를 환기할 시간 부족 문제를 들었습니다.

저 또한 또래 문화의 시간을 박탈한다는 이유를 들어 반대했습니다. 덧붙여, 이왕이면 80분 수업하고 쉬는 시간을 20분으로 하면 어떻겠냐고 했다가 더 많은 반대에 부딪쳤던 기억이 납니다.

우리나라 학교의 실정을 뻔히 알면서도 제가 어학연수를 갔던 캐나다의 온전한 20분이 부러워서 꺼냈던 얘기였습니다.

캐나다처럼 안전을 고려한 아담한 2층짜리 학교 건물도 아니고, 야트막한 산을 배경으로 넓은 잔디운동장을 가진 꿈의 학교가 아닌 다음에야 이런 건의는 발상 자체가 모순이겠지요. 한꺼번에 많은 아이들이 5층에서 우르르 몰려내려오다 다치는 상상만으로도 아찔합니다.

하지만 우리도 교육 환경이 개선되고 좋아지면 그럴 날이 오겠지요. 초등학교 때라면 친구와 함께 신나게 노느라 수업종 치는 것도 못 들어서 선생님께 혼났던 그런 추억 하나쯤은 가지고 있어야 하지 않을까요?

졸업한 제자들을 만나면 빠지지 않는 얘기가 단짝과 함께 놀다가 내게 혼난 이야기입니다. 함께 혼쭐난 얘기는 둘만의 좋은 추억으로 뇌리에 각인됩니다. 여한없이 놀았기에 선생님의 꾸중도 되려 흐뭇한 추억으로 담아둘 수 있는 것이구요.

학교가 쉬는 시간을 5분으로 줄일 정도로 시간에 쫓기는 실정이다 보니 집에서의 일과도 만만치 않을 것이라 여겨집니다.

인기 오락프로그램에 유명 연예인의 아들이 나와서 이런 말을 하더군요.

"아빠가 텔레비전을 볼 수 있는 시간을 딱 20분만 주어서 속상해요. 내가 좋아하는 만화는 40분 동안 하는데 20분만 보면 그 뒤가 궁금해서 견딜 수가 없거든요. 아빠, 제발 온전히 만화를 볼 수 있는 시간을 주세요!"

웃자고 한 말이지만 왠지 씁쓸하더군요. 아이들이 노는 꼴을 보면 왠지 불안하고 초조해진다는 우리나라 부모들의 24시간 공부병을 보고 있는 것만 같아서요.

어른들에게도 회사에 갔다와서 쉬는 시간이 필요하듯 아이들에게도 학교, 학원을 다녀와서 쉴 수 있는 시간이 필요합니다.

쉬는 시간, 감질나게 자투리로 짤끔짤끔 주지 말고, 제대로 놀 수 있는 온전한 시간을 주세요. 그래야 다시 공부할 수 있는 에너지를 얻습니다.

선생님 밥 타 주는 아이들

"선생님, 제가 식사 타왔어요."

"아니에요. 타는 건 제가 타구요, 얘는 그냥 들고 오기만 한 거예요."

오늘 하루 가장 많이 혼났던 중석이와 민기가 얼굴에 환한 웃음을 매달고 무겁지도 않은 식판을 둘이서 들고 오면서 내게 하는 말이다.

참 성격 한번 좋기도 하다. 나 같으면 공부 시간에 잡담한 걸 무슨 큰 대역죄라도 되는 양 무섭게 혼내키던 선생님이 미워서라도 식사는커녕 얼굴 꼴도 보기 싫었을 텐데, 이네들은 되려 생글생글 웃으면서 시키지도 않은 밥을 퍼서 나르니 말이다.

명랑쾌활한 아이들은 야단을 쳐도 뒤끝이 없어서 좋다. 오뚝이같이 에너지가 넘쳐나는 이런 아이들을 보면 나도 저런 시원시원

159

한 성격을 가졌으면 얼마나 좋을까 하는 생각을 해 본다.

요즘같이 어른을 모시는 게 아니라 아이들을 제왕처럼 떠받들어야 하는 시대에, 아니 아이들을 시키면 무슨 큰일이라도 나는 줄 아는 시대에 웬 구시대 유물 같은 식사 대접 타령이냐 싶겠지만, 가르쳐 주고 깨우쳐 줘야 하는 선생님 위치에서 한번쯤의 어른 대접은 받아 마땅하다고 생각한다.

늘 어른보다 먼저 밥을 먹는 게 당연하고, 맛난 것은 아이들만 먹을 수 있는 게 아님, 어른들도 연한 생선살을 먹을 수 있다는 것을 가르쳐 주고 싶은 것이다. 못 먹는 게 아니라 자식들을 위해서, 제자들을 위해서 양보하고 있다는 것을 말이다.

우리 반 아이들이 처음부터 이렇게 스스로 선생님 밥을 타온 것은 아니다. 반장 제도가 없는 2학년을 처음 맡았을 때 일일반장이라는 역할을 주었는데, 그 중 하나로 선생님 밥 타오기를 넣었다.

처음에는 역할이니까 당연히 해야 하는 것으로 여기던 아이들이 나중에는 습관이 되어 반장이 아님에도 불구하고 먼저 타오는 아이들이 생겨난 것이다.

오늘은 이 아이, 내일은 저 아이 누구라고 지목하지 않아도 내 밥을 타오는 아이들 때문에 나는 오전 내내 아이들과 실갱이하던 수고를 한순간에 날려 버릴 수가 있음이다.

솔직히 밥 타오는 거, 누워서 떡 먹기보다 쉬운 일이다. 식판을 들고 있다가 우리 학교 조리봉사원 아주머니들이 퍼 주는 대로 받아오기만 하면 되는 것이다.

밥, 국, 반찬 세 가지를 담는 데 걸리는 시간은 길어야 30초 정도다. 이렇게 단순한 일을 아이들에게 하도록 유도하는 것은 한번쯤은 어른이라는 걸, 어른에게는 이렇게 하는 것이라는 걸 각인시키기 위해서이다.

학교에서 아이들과의 점심시간은 정말 전쟁이다. 아이들과 함께 밥을 먹으면 밥이 코로 들어가는지 입으로 들어가는지 모를 지경이고, 밥맛을 도통 느낄 수 없는 게 우리 학교 선생님들의 점심 풍경이다. 특히 급식 지도를 처음 가르쳐야 하는 1학년의 경우는 더욱 그렇다.

예전에 1학년 담임을 처음 맡았을 때는 아이들을 다 하교시키고 나서야 늦은 점심을 먹곤 했다. 국은 다 식고, 먼지가 덮인 꾸덕꾸덕한 밥을 먹는 나를 보며 동료들은 그 심정 알만하다면서 혀를 끌끌 찼다. 다 경험해 보았기에 동병상련의 마음이 든 탓이다.

그래서 동료들은 점심시간 바로 앞 시간이 강사 시간이어서 여유가 생기면 교무실에서 지인들과 편하게 밥을 먹곤 한다.

그 곳은 말벗하기 좋은 또래가 있어 절로 밥맛이 우러남은 두말할 나위가 없다. 그래서 맘 편하게 밥을 먹고 가라는 권유를 받을 때가 많다.

정말이지 또래들과 이런저런 얘기를 나누면서 밥다운 밥을 먹고 싶은 마음 굴뚝 같지만, 시키지 않아도 타오는 아이들의 고사리 손이 맘에 걸려 그 제의를 늘 거절해 왔다.

그득그득 퍼담은 밥과 국을 행여나 흘릴세라 조심조심 걸어오는 아이의 앙증맞은 모습이 어른거리기도 하거니와, 자기 차례가 되었음에도 내 것부터 먼저 타놓고 자기 것은 뒤에 타먹는 수고를 아끼지 않는 성의가 기특해서이기도 하다.

늘 번갈아가며 하루도 걸러 본 일이 없는 아이들의 밥 타오기로 인해 난 이 세상에서 그 누구보다 행복한 점심시간을 보내고 있다.

한번쯤은 나처럼 학교에서든, 가정에서든 이렇게 억지로라도 어른 대접을 받을 필요가 있다는 게 내 생각이다.

'생각은 행동을 낳고, 행동은 습관을 낳고, 습관은 성품을 낳고, 성품은 운명을 낳는다' 라는 말이 있다.

내가 가르친 이 아이들이 나중에 부모님보다 더 훌륭하게, 선생님보다 더 자랑스럽게 자라나서 연로해진 부모님을 지극정성으로 받들고, 또한 흰머리가 희끗희끗해진 선생님의 가르침을 잊지 않고 그 전세대가 이룩한 공로에 머리를 숙이는 겸손한 지식인으로 자라나길 바란다.

　더 나아가 있는 자의 위치에 서서, 지도자의 위치에 서서 앞치마를 두르고 소외된 계층의 사람들을 위해 밥을 퍼 줄 수 있는 가슴 따뜻한 어른으로 성장할 것을 믿어의심치 않는다.

　오늘도 나는 어느새 퍼담아놓고 가 버려 누가 갖다 놓은지도 모르는, 아이들의 정성이 가득 담긴 점심을 맛있게 먹는다.

편식하면 성격도 괴팍해진대요

"김치를 왜 이렇게 많이 주는데?"

"영양사 선생님이 이만큼 주라고 하셨어."

"치킨은 왜 이렇게 조금 주는데?"

"한 사람 당 한 개씩만 주라고 하셨어."

급식 시간만 되면 언성을 높이는 아이들이 있습니다. 싫어하는 반찬은 덜 받으려고, 좋아하는 반찬은 더 받으려고 실랑이하는 탓입니다. 아무리 편식은 좋지 않다고 설명해도 좋아하는 음식 앞에서는 참을성이 없어지나 봅니다.

선호도가 높은 음식이 남기라도 하면 서로 차지하려고 목소리를 높이며 싸웁니다. 그런데 문제는 늘 음식 투정을 하는 아이만 습관적으로 언성을 높인다는 것입니다. 대체로 덩치가 큰 아이이거나, 아니면 반대로 왜소한 아이인 경우가 많습니다.

덩치 큰 아이는 칼로리가 높은 음식을 더 먹으려고, 왜소한 아이는 병아리 눈물만큼 받아놓고도 덜어 달라고 떼쓰고 있습니다. 자

164

기 것만 고집하느라 음식이 모자라는 상황 따위는 안중에도 없습니다.

하지만 대부분의 아이들은 영양사가 짠 그 날의 영양식단을 군소리없이 받아먹는 편입니다. 된장에 박은 깻잎이든, 고춧가루에 버무린 오이무침이든 하나도 남김없이 깨끗하게 먹는 아이는 대견스럽기까지 합니다.

이런 아이들의 친구 관계는 대부분 원만합니다. 배려할 줄 알고 친구가 힘들 때는 솔선수범하여 그 일을 해결해 주기도 합니다.

그 언제던가, 체한 남학생이 화장실을 가다가 그만 복도에 구토를 한 적이 있습니다. 그러자 교실이 단숨에 아수라장으로 변했습니다.

토했다고 알려 주는 아이, 우웩 우웩 일부러 구토를 하는 아이, 구경하러 뛰어가는 아이로 정신이 하나도 없었습니다.

당장 걸레를 들고 가서 치워 줄까 하다가 그냥 내버려두었습니다. 교실에서라면 토한 아이의 입장을 생각해서라도 내가 걸레를 들고 치워 주었겠지만, 이번만큼은 우리 반 아이들이 어떻게 나오나 보고 싶었습니다.

고학년일 경우엔 구토물의 양뿐만 아니라 냄새 또한 지독해서 여간한 비위가 아니면 치우기가 힘듭니다. 저조차도 치울 때 치밀

어오르는 역겨움을 표 안 내려고 무진장 애를 쓰는데 하물며 아이들이야 오죽할까요?

어쨌거나 친구가 그 지경을 당했는데 도와 주는 아이들이 하나도 없으면 어떡하나 걱정을 했습니다. 하지만 그것은 나의 심한 기우였습니다. 역시나 우리 반 아이들이었습니다.

토한 남학생과 함께 치워 준 남학생들이 의기양양하게 어깨동무를 하고 들어왔습니다. 발벗고 나서서 도와 준 아이들은 성격뿐만 아니라 식습관도 좋은 아이임은 두말할 나위가 없습니다.

편식은 질병에 대한 저항력 저하, 성장 저해, 성격 형성에도 부정적인 영향을 끼칠 수 있기 때문에 편식은 금하는 게 좋다는 것을 누구나 다 잘 알고 있습니다.

'편식하면 성격이 괴팍해진다' 는 말, 그냥 웃어넘길 일만은 아니라고 봅니다.

제 3 장

학교행사와
관련된 이야기
8 & Epilogue

인터넷 신조어사전에 나오는 '개학병', 재밌네

개학병開學病[명사] ❶ 방학 동안 너무 잘 놀다 보니 개학날부터 무기력해진 상태. ❷ 모든 것이 귀찮아지고 학교 가기 싫어지는 상황.

예문 나, **개학병**에 걸렸나 봐. 학교 가기가 싫어.

유래 방학만 되면 컴퓨터 게임에 열중하는 초등학생들이 자신의 신세를 한탄하며 만들었다.

국어사전에는 없지만 인터넷 신조어사전에는 나오는 '개학병'의 뜻풀이이다.

참 기발하다, 요즘 아이들은. 어쩜 이런 재기발랄한 발상을 하는지! 가려운 데를 콕 집어 시원하게 긁어 주는 데는 뭐 있다.

하여튼 상상도 못한 톡톡 튀는 아이디어를 내놓을 때는 깜짝깜짝 놀란다. 한번씩 일을 크게 저질러 어디로 튈지 모르는 그 대책 없음에도 깜짝깜짝 놀라지만 말이다.

이게 오렌지 같은 상큼발랄한 신세대들의 특징이 아니겠는가? 극과 극을 오가는 상큼함과 진득하지 못한 가벼움이 우리를 불안하게 하는 요소이지만 말이다.

이런 생각이 드는 것을 보니 내가 기성세대의 반열에 든 것만은 틀림이 없는 것 같다. 내가 학생이었을 때 기성세대인 부모님들은 '우리는 예전에 안 그랬는데, 요즘 아이들은 참 버르장머리가 없어.' '이놈의 세상이 어떻게 되려고… 참 말세야, 말세' 라는 한탄을 많이 하셨다.

미니스커트에 장발족, 청바지에 통기타가 눈총의 대상이 되었고 곧이어 이놈의 세상이 끝장날 것이라는 말들도 많았다.

하지만 세상은 끝나지 않았고 우리나라는 남들이 부러워하는 경제대국의 반열에 올라서 동남아로, 유럽으로 세계여행을 다니는 고소득 국민이 되었다.

요즘은 경제 사정이 바닥을 치고 있어 실업난에 허덕이고 있긴 하지만 아시아에서 잘 사는 나라인 것만은 틀림없는 사실이다.

내가 꼬마일 때 부자 나라였던 필리핀이 지금은 형편없이 못사는 나라가 되어 우리에게 굽신거리는 신세가 된 것만 보더라도 말이다.

이 모든 게 자신은 못 먹고 못 입어도 자식만큼은 어떻게든 교육시켜야겠다는 부모님들의 교육열이 이룩해낸 산물임을 그 누구도 부정하지 못할 것이다.

그 부모에 그 자식이라고 했던가? 그 자식이 자라서 부모가 된 지금, 그들은 그보다 한술 더 떠서 생활비 중에서 가장 큰 비중을 교육비에 투자하고 있다. 뒷바라지하는 부모들도, 그에 따라야 하는 아이들도 넘치는 교육열에 몸살을 앓고 있다고 해도 과언이 아니다.

가르치는 선생님 입장에서 본다면 학원 뺑뺑이에 지쳐 공부 시간에 졸고 있는 아이들을 보면 안타깝기도 하지만, 배워서 남 주지는 않을 것이라는 믿음만큼은 갖고 있다. 힘들게 받은 배움이 나중에 국력을 신장시키는 데 도움이 되리라는 그런 확신 말이다.

늘 선생님보다 바쁜 책가방 무거운 아이들, 방학 때도 쉬지 못하고 학원돌이를 해야 하는 아이들, 내일 개학하면 만나게 될 사랑하는 우리 반 아이들…….

"방학 재미있게 잘 보냈니?" 하고 물으면 아이들은 귀가 터져라 이구동성으로 대답할 것이다.

"아뇨, 재미없었어요!"

"학교에 오고 싶었어요."

이러면 한번쯤은 빠지게 되는 착각.

'혹시 선생님이 보고 싶어서?'

그래서 한국말은 끝까지 들어 봐야 한다.

"만날 학원에만 다니고, 놀러도 안 가서 지루했어요."

"애들이 모두 학원 다니니까 안 다니면 심심해요."

이런 말이 대세인 가운데 가끔 좋았다는 얘기도 들린다.

"할머니댁에서 실컷 놀았어요. 짱 재미있었어요."

재미있었다는 대답이 손에 꼽을 정도라는 게 안타까울 때가 많다. 너도나도 방학이면 여한없이 실컷 놀았기에 그 후유증으로 개학하면 앓던 개학병! 다 옛말이 된 것 같다. 세태가 이러하니 신조어로 이름붙여진 '개학병'의 의미도 따라 변해야 하지 않을까?

개학병開學病[명사] ❶ 방학 동안 너무 공부만 하다 보니 개학이 기다려지는 상태. ❷ 친구들과 놀고 싶어 학교 다니고 싶어지는 상황.

예문 나, **개학병**에 걸렸나 봐. 학교 가는 게 좋아.

유래 방학만 되면 학원으로 **뺑뺑이**를 돌아야 하는 초등학생들이 자신의 신세를 한탄하며 만들었다.

신세대임을 가장해 기성세대인 내가 만들어 보았다. 형식에 맞추어 그대로 흉내낸 거라서 좀 어설픈 것 같기도 하지만 따라해 보는 것도 참 재미있네.

회장 언제 뽑아요~?

"회장 언제 뽑아요~?"

3월 말이 되자 아이들의 관심은 온통 4월 회장단 선거에 쏠려 있었다. 회장단 선출하는 일은 1시간 이상 수업 시간을 잡아먹는 일이라 늘 시간 걱정부터 해야 하는 나와는 달리 아이들은 그저 누가 뽑힐까에만 관심이 집중되어 회장 언제 뽑느냐고 아우성이다.

늘 선생님의 질책을 받는 자리가 뭐 그리 좋다고. 교실이 소란하면 회장단은 도대체 뭐하고 있었느냐고 욕먹고, 그렇다고 아이들을 강하게 다루면 회장이 무슨 벼슬이라도 되느냐고 욕먹고, 또 약하게 뒤로 후퇴하면 그래가지고 무슨 리더가 되겠느냐고 꾸중 듣고 내내 혼나는 게 회장 자리인데 그게 뭐가 좋다고 저 야단들인지. 대표로 혼나는 그 단점보다는 친구들이 하지 못하는 것을 할 수 있다는 프리미엄이 아이들 눈에는 더 크게 비춰졌던 모양이다. 회장 선출에 목메고 있는 것을 보면. 나는 회장단들에게 역할을 꽤 많이 부여하는 선생님 부류에 속한다. 리틀티처라는 닉네임을 주어서 내가 급한 사정으로 자리를 비우게 될 때도 학급을 이끌어갈 수 있게끔 되도록이면 꺼리를 많이 준다. 이왕 뽑았으면 짧은 한 달 동안만이라도 제대로 리더 체험을 해 보라는 내 의지에서이다.

각종 통신물을 나누어 주는 단순한 일부터 아침자습 풀이를 시키는 일은 기본이고, 아주 가끔은 고난이도의 수업 진행까지 시켜본다. 더불어 내 전용 구역인 칠판에 맘대로 글을 쓸 수 있는 권한까지.(아마 이게 가장 큰 매력일 것이다. 아이들은 시간만 나면 칠판에 매달려 낙서하길 좋아하니까.)

회장단은 당선된 기쁨은 잠시이고 아이들의 집단항의에 직면하기도 하고, 법대로 규칙대로 했다가 상처입은 친구에게 미움을 사기도 하고, 친분있는 친구는 쪼끔 봐 줬다가 호된 질책을 받기도 한다. 회장단 역할이 어렵다는 것을 직접 체험하는 계기가 된다.

하지만 아이들은 어른보다 더 슬기롭게 난제를 재빨리 해결해간다. 쪽지글로 미안함을 전하기도 하고, 솔직하게 사과를 하기도 해서 서로 감정상할 일을 만들지 않는다. 어른들처럼 십 년 묵은 장을 퍼내듯 예전 비화를 들추고 또 헤집어내어 감정의 골을 깊게 만들지 않는다는 것이다. 그래서 아이들과는 일하기가 편하다.

회장단이 제대로 돌아가 주면 내가 할 자질구레한 일들이 반으로 성큼 줄어들어서 숨쉬기가 한결 수월해진다. 대신 나는 큼직큼직한 사안들을 맘놓고 추진할 수가 있어서 좋다.

어른들로 구성된 보조도우미보다 훨씬 도움이 될 때가 많다. 어른들은 아이들의 속내를 꿰뚫지 못하지만 아이들은 자기들 눈높이에서 친구들을 이해하는 탓이다.

해결책 또한 어른들보다 단순명쾌해서 모든 일을 뚝딱뚝딱 해결해 버린다. 그게 어른들은 죽었다 깨어나도 못할 구석이고, 아이들만이 가지고 있는 최고의 비법이다.

집단에 소속되고 그 집단 안에서 인정받기를 원하는 아이들. 그런 열망을 대변이라도 하듯 이번 4월의 회장 후보엔 8명씩이나 등록을 했다. 34명이 정원인 우리 반의 4분의 1이 후보에 오른 셈이다. 후보가 많은 탓에 표는 도토리 키재기마냥 고만고만했고, 현규와 재현이가 엎치락뒤치락하다가 아주 근소한 차이로 재현이가 회장에 당선되는 영광을 누렸다.

뒤이어 벌어진 부회장 선출의 열기는 더 대단했다. 회장은 한 번 하면 부회장에 오를 자격이 없지만, 부회장은 나중에 회장 후보로도 나설 수 있기 때문에 고학년의 경우는 아예 부회장부터 지원하는 경우가 많다. 우리 아이들은 아직 초보들이라 그런 경험에 의한 머리 씀은 없지만 회장 선거가 워낙 치열했던 터라 부회장 선거는 더 치열할 수밖에 없었다.

여학생의 지지를 한몸에 받고 있는 현규와 남학생의 지지를 등에 업은 건우와의 한판이었다. 건우가 표를 얻으면 남학생 쪽에서 함성소리가 울리고, 현규가 얻으면 여학생들의 소리없는 박수가 뒤따랐다. 역전에 역전을 거듭하다가 결국 건우가 한 표 차이로 부회장 자리를 따낼 수 있었다.

건우는 "내가 부회장이 되다니!"라며 큰 소리로 기쁨을 표현했고, 자리에서 성큼 일어나 현규에게 달려가 악수부터 청했다. 현규 또한 웃으면서 한 달 동안 잘해 보라고 격려의 악수를 건네는 모습은 그 무엇보다 아름다웠다. 악수를 건네고 받는 남자들만의 세계, 참 부러웠다.

그 뒤에는 임기를 마치고 떠나는 3월 회장단의 끝인사와 4월 신임회장단의 첫인사가 있었다. 이젠 자리를 물려 줘야 하는 전 회장단의 표정엔 아쉬움과 홀가분함이 깃들어 있었다.

그 동안 고마웠고 신임회장단을 잘 따라 달라는 공통적인 인사말이 있었다. 3월에 부회장에 뽑힌 뒤 너무 기뻐 말 한 마디 못했던 광노는 아주 힘차게 끝인사를 했고, 자청해서 한 마디를 더하는 용감무쌍함을 보여 주었다.

4월 회장단은 3월 회장단처럼 멋지게 반을 이끌어 볼 거라는 예의바른 희망찬 포부의 인사말을 하였다. 공식적인 인사말이 끝난 뒤 재현이가 살짝 내게 와서 한 말이 압권이다.

"선생님, 회장은요, 되기 전에는 인기 급상승인데요, 된 후부터는 인기 급하락이에요."

회장 자리가 오르기도 어렵지만 지키기도 어렵다는 것을 벌써 피부로 느끼고 있는 신임회장의 성숙된 말 한 마디였다.

그렇다. 오르기도 어렵지만 지키기도 어려운 회장 자리. 우리 반 아이들의 회장 선출 과정을 지켜보면서 우리나라의 선거 문화도 바뀌어야 하지 않을까 하는 생각이 들었다.

서로를 인신공격하며 깎아내리는 저질 선거 풍토가 아닌, 서로를 격려하고 띄워 주면서 페어플레이를 하면 얼마나 좋을까 하는 생각. 내가 선거는 어떻게 해야 한다고 가르쳐 주지 않았는데도 스스로 터득한 우리 반 아이들의 성숙된 선거 문화, 손바닥이 벌개지도록 박수를 쳐 주고 싶었다.

욕이란 욕은 바가지로 먹고 다니는 우리나라의 정치인들, 페어플레이하는 우리 반 선거 풍토를 배워 가면 엄청 박수 많이 받을 텐데……

스승의날을 맞아 보낸 가정통신문

존경하는 학부모님께

스승의날을 맞아 담임으로서 간곡한 부탁의 말씀을 드립니다.

5월 15일 스승의날엔 휴교를 하지 않고 5교시 단축수업을 합니다. 늘 재량휴업일로 학교 문을 닫든지 임간학교를 가다가 올해 처음으로 정상수업을 하다 보니 심적으로 많은 부담이 됩니다.

학교 계획에 의거한 것이긴 하지만 명예교사 분들께 수업 부탁을 드린 것마저도 송구스럽기 그지없습니다.

그래서 걱정입니다. 혹시나 아이들 손에 선물이나 꽃을 들려보내는 학부모님이 계시지 않을지, 그래서 아무것도 모르고 선물을 가져온 아이들이 되돌려보내는 선생님의 야속함에 상처를 받는 일이 생기지는 않을지가 가장 염려됩니다.

이런 불상사가 생기지 않도록 학부모님께서는 저의 교육적 소신을 이해해 주시고 평소처럼 편안하게 등교할 수 있도록 도와 주시기 바랍니다.

스승의날은 1958년에 청소년적십자단원들이 세계적십자의날을 맞아 병중에 있거나 퇴직한 교사들을 위문하면서 시작된 날입니다.

그런 뜻깊은 날이 세월이 흐르면서 변질되어 '스승의날 = 선물'이라는 공식이 붙어서 학부모님도, 교사들도 부담을 느끼는 날이 되어 버렸습니다.

'스승의날 = 선물'이라는 공식을 이제는 깨야 한다고 생각합니다. 그런 관행이 없어질 때 참다운 사제지간으로 거듭날 수 있다고 생각합니다.

우리 1학년의 경우 올해 스승의날 감사의 인사는, 지금까지 이렇게 반듯하게 자라게 해 준 유치원 선생님께 돌아가야 한다고 생각합니다.

초등학생이 되기까지 밑거름이 되어 주신 유치원 선생님께 "학교생활 잘하고 있습니다"라는 감사의 편지를 드린다면 상급학교로 올려 보낸 선생님이 뿌듯해할 것입니다.

저에 대한 감사의 편지는 졸업한 뒤에 받겠습니다. 그 때 제게 편지로 감사를 전하는 제자가 있다면 무척 행복할 것입니다.

아이들에게도 스승의날은 선물을 하고 꽃을 달아 드리는 날이
아닌, 감사의 마음을 되새기는 날이라는 인식을 심어 주는 계기가
되었으면 합니다.

오늘 저녁 아이들과 함께 유아기를 잘 보내게 해 준 유치원 선
생님께 감사의 편지를 쓰는 것은 어떨런지요?

제가 바라는 스승의날 취지를 이해하시고 편안한 스승의날이
되도록 협조 부탁드립니다.

5월 14일 교육을 사랑하는 담임 드림

임간학교 생활, 한 마디로 Good~!

5월 18일, 비온 뒤 유난히 깨끗한 파란 하늘

'다치면 어떡하나?'

'적응을 못하면 어떡하나?'

아이들을 학교가 아닌 바깥으로 데리고 나갔을 때 가장 걱정되는 것은 이 두 가지이다.

언제 어디서 터질지 모르는 불의의 사고는 전혀 반갑지 않은 손님이라 노심초사 촉각을 곤두세우는 일이다.

또한 새로운 환경에 적응을 못하고 바깥으로 빙빙 도는 아이가 나오기라도 하면 그것 또한 괴로운 일이다. 집단에 끼지 못하고 교사의 치맛자락만 붙잡고 징징거리며 집에 가겠다는 아이를 달래는 일도 참 못할 일이다. 나같이 스스로를 강조하는 스타일은 더욱 참아내기 어려운 형벌이다.

다행히 내 제자 중에는 그런 아이가 없었다. 과거에도, 현재에도. 상대를 봐 가며 다리 뻗댈 데를 고른다고, 내 성질머리 더러운 거 미리 간파하고 아이들이 지레 포기한 모양이다.

그래서인지 우리 반 아이들은 밖에 나가면 껴안아 주고 싶을 만큼 잘한다. 나를 닮아서(?) 한 마디로 대외성이다. 그래서 안에서 콩닥거릴 때보다는 밖으로 데리고 나가 거대한 집단 속으로 밀어 넣었을 때 뿌듯함을 느낄 때가 더 많다.

잔소리하며 싸워야 하는 교내에서는 '언제 맘놓고 떠나보낼 수 있도록 키우나?' 걱정이 태산인데, 정작 밖으로 던져두면 '이젠 놔둬도 될 만큼 잘 컸구나.' 하는 생각이 들 때가 많다는 얘기다.

학교에 있을 때는 아주 사소한 일(딱지 한 장의 소유권, 책상의 금을 넘어오는 지유권, 장난으로 시작했지만 한 대 더 쥐어박지 못한 게 못내 억울해 일러 주는 고자질 따위)로 핏대를 올리던 놈들이 밖으로 나오면 아량이 태산만큼 넓어진다. 언제 다투기라도 했냐는 듯 엄청 사이좋음을 과시한다.

스트레스의 가장 큰 요인인 공부가 제외되었기에 그럴 수밖에 없음이다. 매일 스트레스를 받는 주업무에서 벗어나 여행갈 때 느끼는 어른들의 그 홀가분함과 같다.

우리 반 아이들은 한 마디로 잘 논다. 신명은 어찌나 많은지 멀리서도 우리 반인 게 표가 난다. 그냥 박수를 쳐도 될 것을 엉덩이까지 들썩이며 요란하게도 박수를 친다. 저 신명을 교실에 박아두고 있으려니 좀이 쑤실 만도 하겠지.

그 신바람은 고스란히 장기자랑에서 나타났다. 평소에 개인별로 장기자랑할 수 있는 자리를 마련해왔었고, 어떻게든 해나갈 거라고 믿고 있었기에 일체 간섭을 하지 않았다. 모르는 척 내버려두었더니 아이들은 남학생 여학생 패가 갈리어 뭘 하겠다고 내 앞에서 수선을 떨어대었다. 결국 올라간 팀은 여학생 팀.

건우가 주축이 된 '이누야샤' 남학생 팀은 주최측에서 CD가 구비된 게 없어서 포기하라고 했단다. 이가 없으면 잇몸으로 산다고, 그냥 생음악으로 한다고 우겼으면 좋았을 것을, 아쉬웠다.

내년에는 이 남학생 팀들의 제대로 된 공연을 볼 수 있으리라 기대해 보며 아쉬움을 접었다.

'니가 참 좋아' 라는 쥬얼리의 노래에 맞춘 우리 반 6인조 여성그룹의 무대는 그야말로 인기짱이었다. 아마추어 냄새가 물씬 풍겼지만 개인의 색깔이 잘 드러난 무대였다.

신영의 섹시, 경진의 터프, 수민의 발랄, 우정의 상큼, 본민의 귀여움, 현지의 우아함. 3학년 초보치고는 제법이었다.

이를 지켜본 동료들은 그 선생의 그 제자라고 농담을 해왔고,

구경온 다른 분들도 따봉이라고 엄지손가락을 치켜들었다.

내가 직접 무대에 서지도 않았는데 칭찬을 받는 기분은 참 뭐라 말할 수 없이 뿌듯했다. 이런 기분에 교사를 하듯 이런 기분에 부모들은 힘든 줄 모르고 자식들 뒷바라지하는 게 아닌가 싶었다.

임간학교나 스키학교에 가면 나뿐만 아니라 모든 선생님은 학부모 입장이 된다. 수련원 소속 강사가 프로그램을 맡아 이끌어가는 탓이다. 아이들은 강사 밑에서 끽소리 못하고 훈련을 잘 받다가도 선생님만 보이면 어리광을 부린다. 특히 저학년들은 떨어져 있던 부모라도 만난 양 허리 쪽에 매달려 징징거린다. 잘 가던 줄이 갑자기 흐트러지고 강사들의 목소리는 한없이 높아진다.

그래서 대부분의 선생님들은 멀찌감치 뒤따라다니며 행여나 낙오자가 없나 살펴보며 챙기느라 더 힘이 든다.

우리 반 아이들도 마찬가지다. 괜시리 잘하다가도 내 얼굴이 정면에 보이기라도 하면 뭐가 그리 반가운지 숙쌤이라고 호들갑을 떨며 반가움을 표시한다. 다정하게 안아 주지도, 손 한번 따스하게 잡아 주지도 않았는데 뭐가 그렇게 반갑다고 손을 흔들고 난리들인지 정말 부모가 된 기분이다.

내가 부모로서의 기분을 한껏 느낄 때는 아이들이 모두 잠들어 있을 때이다. 그 모습들은 정말 가관이다. 깔개는 아이들 머릿수대로 반듯하게 잘 깔려 있는데 덮개는 지 맘대로이다. 다리 사이에 돌돌돌 말아져 있기도 하고, 어디다 팽개쳐 두었는지 새우처럼 옹송거린 채 자는 아이도 있고, 아예 얼굴까지 푹 덮어서 안 보이는 아이도 있고, 자기 자리는 놔두고 남의 자리에 껴서 불쌍하게 자는 아이도 있다.

생김새가 다른 만큼 자는 모습도 저마다 개성적이다. 다만 똑같은 게 있다면 하나같이 평화롭다는 것이다.

잠자는 모습이 예뻐서 사진이라도 찍고 싶었는데 가지고 간 사진기가 하필이면 고장이 나 있었다. 다음 기회를 노려야겠다. 아직 통일안보권답사도 있고, 스키교실도 있고 잠자는 모습을 찍을 기회는 많이많이 남았으니까.

내게는 아이들이 모두 잠든 새벽녘에 소풍가는 돼지 새끼를 세듯 아이들 머리를 하나하나 세는 습관이 있다. 이제까지의 경험상 밤에 잠 못 자고 돌아다니는 아이가 없었음에도 행여나 화장실 구석에 쪼그리고앉아 우는 아이가 없을까 하는 의심증에서이다.

나의 이런 기우를 조롱하듯 올해도 아이들은 코까지 골아가며 쌕쌕 잘 잤고, 무사히 2박 3일의 일정을 잘 마쳐 주었다. 뒤치다꺼리하는 내가 힘들까 봐 수련생활을 너무 잘해 준 아이들이 그저 고마울 따름이다.

'내 이름으로 지은 6행시'
종업식날 받은 최고의 선물

정명숙 선생님, 감사합니다.

명태라는 별명은 어울리지 않아요. 선생님은 멋진쌤이 어울려요!

숙쑥 크는 저희를 가르쳐 주셔서 진심으로 감사드립니다.

선생님의 인내심 존경해요.

생버라이어티 캠프 언제 한번 같이 가요.

님은 먼 곳에 계시겠지만 마음만은 가까이에 있어요.

학년을 마치는 종업식날, 교실에 들어섰다가 깜짝 놀랐다. 칠판
한 가득 써놓은 글귀 때문이었다.

"오늘은 종업식, 선생님과 같이 시간을 보낼 수 있는 마지막 기
회"라는 타이틀 밑에 쓰인, 내 이름으로 지은 6행시는 마침표를
찍는 날 받은 최고의 선물이었다.

6학년 졸업생도 아니고, 개학하면 오다가다 마주칠 재학생이 이런 글을 썼다는 게 믿기지가 않았다. 전혀 기대를 하지 않았기에 내가 받은 감동은 더 클 수밖에 없었다. 내가 글을 쓰는 작가임에야 이보다 더 좋은 선물이 이 세상 어디메 또 있으랴.

　그것도 모자라 아이들은 즉석에서 쓴 편지를 모아서 하트모양의 상자에 담아 선물해 줬다. 받기만 하고 아무 선물도 준비 못한 내가 이처럼 부끄러울 때는 없었다. 그래서 미안하다고 했더니, 아이들은 되려 날 위로해 주었다.

　"괜찮아요. 대신 선생님은 우리들을 이렇게 멋지게 가르쳐 주셨잖아요."

　마냥 어리고 훈육해야 할 대상으로만 여겼던 아이들이 이런 감동 이벤트를 선사할 줄이야! 어떻게 나와의 헤어짐을 6행시와 감사편지로 마무리할 생각을 다 했을까?

　행여나 작가선생님을 만나서 글쓰기에 진력을 낼까 봐 그냥 읽기만 시켰는데 아이들은 어쩜 이렇게 깜찍한 생각을 다해냈을까?

　글과 관련하여 1년 동안 내가 아이들에게 해 준 일이라고는 아침자율학습 시간에 책읽기 20분, 점심 자투리 시간에 독서퀴즈, 국어수업시간 짬짬이 자기 이름으로 3행시를 짓거나 낱말찾기, 스피드퀴즈를 한 것뿐이다. 그냥 난 국어와 관련된 분야를 게임화시켜 투입했던 선생님일 뿐이다.

어른보다 더 바쁘게 학교로, 학원으로 뺑뺑이를 도느라 책읽을 시간이 없는 아이들에게 머리가 맑을 때 아침독서를 시킨 것뿐이고, 독서만 하면 망각 곡선에 의해 쉬이 잊혀질까 봐 읽은 책에서 독서퀴즈를 내게 한 것뿐이고, 이제는 인터넷 사전이 보편화되어 고물이 되어 가고 있는 국어사전을 활용하고자 어려운 낱말찾기를 한 것뿐이고, 그 낱말을 이용하여 스피드퀴즈를 한 것뿐인데, 이런 일련의 활동들이 알게 모르게 뇌리에 깊이 박혀 있었던 모양이다. 내가 투입한 방법들이 아이들에게 고스란히 투영되어 방법만 달리하여 마침표를 찍는 날 내게 되돌아온 걸 보면……

독서퀴즈 낼 차례가 되면, 오후 수업시간 종이 울리면 한다는 걸 뻔히 알면서도 아침부터 하게 해 달라고 치마꼬리 붙잡고 늘어지던 아이들, 스피드퀴즈할 기회를 준다고 해놓고 교과 진도 때문에 빼먹으면 선생님이 왜 약속을 안 지키느냐고 단체로 항의하던 아이들. 이런 아이들의 초롱초롱한 눈망울을 외면한 채 '다음에 시간 있을 때'라는 엄포로 간단히 누르고 허겁지겁 교과 진도를 나가야 했던 내 마음을 아이들은 알기나 할까?

요즘엔 뭐가 그렇게 행사도 많고 가르쳐야 할 내용도 많은지, 이런 가벼운 것들조차 투입하기가 힘들다. 독서퀴즈, 낱말퀴즈,

스피드퀴즈처럼 우리 반 아이들 모두를 참여시키는 것들은 시간을 내기가 너무도 빠듯하다. 그럼에도 불구하고 한 해에 100권 책 읽기를 무리없이 해낸 아이들, 독서퀴즈 차례가 되면 아나운서나 된 것처럼 퀴즈를 내며 신나하던 아이들, 스피드퀴즈할 때 어려운 낱말이 나오면 갖가지 기발한 방법을 동원해 설명하던 아이들, 하는 사람도 보는 사람도 즐거웠던 시간들… 내가 1년 동안 아이들에게 심어 주려 한 것보다 더한 감동으로 내게 선물을 해온 아이들이 그저 대견스러울 뿐이다.

얘들아, 고맙다. 모든 교과 공부의 바탕이 되는 도구 교과인 국어만큼은 제대로 갖추어 주고 싶었던 내 마음을 뛰어넘어 어른을 배려할 줄 아는 아이들로 자라 주어서. 오늘은 너희들의 선생님이었다는 그 자체만으로도 행복하구나.

정이 많은 울쌤
명랑하고 밝은 울쌤
숙쌤이 좋아요.
아주 오래 전 2학년 제자가 지은 내 이름 3행시처럼 초심을 잃지 않고 너희들의 숙쌤, 멋진쌤으로 남도록 노력하마. 얘들아, 고마워!

교육감상, 교육장상 때문에
졸업식이 멍든다

시대가 바뀌어도 바뀌지 않는 게 있다면 바로 졸업식 관련 시상이다. 졸업식장의 모습만큼은 내가 학생일 때의 모습과 한치도 다름이 없다.

정해져 있는 대외상 몇 명만이 스포트라이트를 받고 그 이외의 학생들은 손가락 빨면서 박수만 치는 그런 악습 말이다.

아날로그 세대의 졸업식이 멀티미디어 시대인 지금까지도 여전히 건재하고 있다는 게 아이러니하지 않은가? 똑같이 졸업하는 처지면서도 단상에 한번 올라가 보지 못하고 꿔다놓은 보릿자루처럼 졸업식장만 지켜봐야 하는 아이들, 상을 받는 친구와 대비되어 나는 왜 가족들 앞에서 자랑스럽지 못한가 하는 자괴감에 가슴쳐야 하는 아이들… 그런 모습에 씁쓸해하는 것은 비단 상을 못 타는 졸업생만이 아니다.

1년 동안 키워서 떠나보내는 담임 입장에서는 더욱 가슴아린 일이다. 열 손가락 깨물어 안 아픈 손가락이 없듯이 가슴에 품은 제자들 모두 담임에게는 하나같이 소중하기 때문이다.

　왜 6년간의 소중한 추억을 가지고 졸업하는 아이들에게 막판에 상이라는 이름으로 순위를 매겨서 상처를 줘야 하는지 모를 일이다.

　특히 대외상은 고질적인 말썽꾼이다. 말썽의 소지가 있다는 것은 상부기관에서도 진즉 감지하고 있는 터이다. 오죽했으면 최고 상이라고 일컫는 교육감상을 제일 먼저 주지 말고 학교장상을 우대해 1순위로 주라는 공문까지 하달했을까?

　매년 그렇게 문제가 된다면 굳이 그런 상을 관례라는 이유로 존속시킬 가치가 있는지 묻고 싶다. 졸업식날 생색내어 내려보내는 상을 없앨 생각은 없는지 강력하게 건의하고 싶다.

　대외상이 존재하는 한 즐겁고 명쾌하지 못한 졸업식이 되리라는 건 자명한 사실이다. 받지 못하는 아이는 자기를 축하하러 온 가족들 앞에 내세울 게 없어서 면목이 안 설 것이고, 또 자기 정도면 받을 만한데 못 받았다고 생각한 아이는 그에 대한 서운함으로 또 상심이 클 것이다. 아무리 시상 규정을 완벽하게 해놓았다고 한들 인간이 감정의 동물인 이상 그 서운함에는 못 미치는 것이다.

밥상이라도 받아 봤으면 좋겠다고 할 정도로 상은 누구나 받고 싶은 것이기에 상이라는 이름으로 졸업생에게 상처를 주는 일은 더 이상 그만했으면 하는 바람이다.

졸업식장의 주인은 누가 뭐래도 졸업생이다. 상을 받는 몇 명이 아닌, 졸업하는 아이들 모두가 스포트라이트를 받아야 한다.

하지만 작금의 졸업식 실태를 보면 졸업생 전체에 대한 예우는 거의 없다고 해도 과언이 아니다. 늘 누가 대외상을 받느냐에 초점이 맞춰져 있고, 대외상 수상식에만 거지반 시간을 잡아먹는다. 교육감상, 교육장상, 학교장상, 국회의원상, 교총회장상, 동창회장상, 학교운영위원장상 등등…….

왜 모든 졸업생이 축하받아야 할 졸업식날에 이런 생색내기 표창으로 인해 대부분의 졸업생이 참담함을 맛봐야 하는지 묻고 싶다.

굳이 상을 주고 싶다면 학기중에 제대로 된 원칙을 마련해서 주길 바란다. 그냥 어떤 분야에 공적이 있는 학생을 올리라는 식이 아닌, 그 대상의 아이들을 불러모아 한번쯤 연수라도 시킨 뒤에 준다면 수여하는 측도, 받는 학생도 보람있지 않을까 하는 생각이 든다.

예를 들어 회장단이 캠프를 갈 때 그냥 참여만 하고 올 것이 아니라 지도력, 인성 등을 평가한 후에 시상을 한다면 더욱 더 자긍심을 갖게 되지 않을까 하는 생각을 해 본다.

그리고 누가 우두머리를 맡느냐에 따라 상이 남발되는 경우도 있고, 축소되는 때도 있는데 일관되게 해 주기 바란다. 전례에 의거해 계획을 짜던 하부기관인 학교에서는 그런 것 때문에 괜시리 오해를 받고 가슴에 피멍이 든다.

말도 많고 탈도 많은 졸업식날의 시상 폐단을 없애려면 생색내는 상들을 모두 없애면 된다. 상부교육기관에 고하노니 솔선수범해서 졸업식날의 최고상이라 일컫는 교육감상부터 없앨 생각은 없는지 강력하게 묻고 싶다. 더불어 모두 축복받아야 할 어린이날에 모범어린이라는 명목으로 하사하는 상장도 모두모두……

'청출어람' 이라는 네 글자, 잊지 마!

요놈들! 너희들, 지금 무슨 생각하고 있는지 나는 알지롱. 새 학년을 맡는 선생님이 누굴까, 그 생각하고 있었지? 어떻게 알았냐고? 선생님도 너희들 나이 때 그런 생각했으니까.

새로움이라는 것은 항상 신선하고 희망을 갖게 하거든. 누가 담임선생님이 될까? 또 올 한 해는 어떤 일들이 기다리고 있을까? 꿈을 꾸어 보는 것만으로도 행복하거든.

그래서 선생님은 너희들이 한 선생님 밑에서 몇 년 동안 배우는 걸 원치 않아. 이런 선생님, 저런 선생님 밑에서 배우다 보면 다양한 좋은 점들을 취할 수 있기 때문이지.

새 학년엔 새 꿈을 새 보따리에 넣어서 가득 채우는 해가 되었으면 좋겠네. 이걸 '새 술은 새 부대에' 라고 하던가?

그렇다고 새 것에만 취해서 옛것을 깡그리 잊으면 안 될 것이

193

야. 때로는 쾌쾌묵은 오래된 것이 좋은 것도 있거든. 예를 들면 못생긴 메주로 만드는 된장 같은 것.

우리가 함께 한 1년이 한번쯤 먹고 싶은 고향 냄새 같은 것이었으면 좋겠어. 너희들이 힘들고 지칠 때, 넘치고 넘쳐서 방자해지려고 할 때 선생님이 한 말들, 친구의 목소리가 힘을 주고 호통이 되는 그런 것.

선생님은 1년 동안 너희들과 함께 하면서 참 즐거웠어. 선생님의 괴력, 넘치는 기, 헌법, 공주병 등등 너희들이 어떻게 불러 주어도 좋았거든. 이렇게 늙은 공주 봤니?

선생님은 너희들에게 스스로 자신을 갖는 삶을 불어넣어 주고 싶었어.

'나를 자신할 수 있는 삶.'

자기가 자신을 사랑할 때 가장 행복한 법이거든. 그래서 공부 이외에 너희들에게 힘을 줄 수 있는 방법을 많이 시도해 보았어.

'토크박스, 잠깐퀴즈, 시조 외우기, 장기자랑, 조별판 꾸미기, 조가 & 조구호, 끝말잇기' 등등. 교과 공부 이외에 너희들의 재주를 펼칠 수 있는 장을 많이 만들어 주고 싶었어. 그런 다양한 장에서 자신감을 얻고 자기의 재능을 발견하길 바랐거든.

잠깐퀴즈 맞힐 거라고 도전골든벨 보고 다 알아와서 선생님을 당황하게 만들었던 일, 한 달씩 조가 바뀌면 조별판을 꾸며서 떡볶이 먹던 일(선생님 주머니에서 떡볶이값 많이 나갔으니까 너희들 나중에 꼭 갚아라?), 조별판 꾸밀 때 재주를 발휘하는 친구들이 많았지.

울랄라 샤봉샤봉 어느 조였더라? 너희들이 만든 조구호와 율동은 참 재미있었어. 남학생과 여학생이 어우러져서 선생님이 생각지도 못한 것들을 만들어서 웃음을 자아내게 했으니까.

어른들은 고정관념에 매어서 못하는 것들을 너희들은 해내니까 이게 바로 재주 아니겠어? 선생님은 너희들의 이런 재주와 가능성을 사랑해.

내가 가르쳤던 너희들의 좋은 점을 이 지면에 다 말할 수 없는 게 유감이야. 선생님은 너희들이 남에게 피해를 주지 않을 정도의 기본만 갖추고 있다면 좋은 점을 먼저 보려고 애썼어. 결론은 너희들이 가진 재주와 장점이 무궁무진하다는 거야.

그리고 이것은 절대 잊지 마.

'청출어람(靑出於藍)' 이라는 네 글자.

청출어람은 전국시대 때 성악설을 주장한 유학자인 순자가 한 말이야. 한자 뜻 그대로 풀이하면 '쪽빛에서 나온 푸른 물감이 쪽빛보다 더 푸르다' 는 뜻이지. 한 마디로 '제자가 스승보다 낫다' 는 말이야.

당연히 너희들은 이 스승보다 백배 나은 사람이 되어야겠지. 만약 너희들이 커서 나보다 못한 사람이 되어 있으면 부지깽이를 들고 가서 혼내 줄 거니까 그리 알아. 알지? 무서운 부지깽이!

물론 선생님도 지금보다 더 노력해서 더 나은 선생님이 되도록 해야겠지. 나이가 들어도 끝없이 배우면서 사는 게 인생이니까.

선생님은 믿어. 20년 뒤면 모두 청출어람이 되어 우리나라 어디에서든 한몫하는 멋진 제자들이 되어 있을 거라는 걸.

2월 종업식날에

너희들의 가능성을 사랑한 정명숙 선생님이

6학년을 맡으면 교사도 6학년이 된다

교감이 불렀다. 지망하지 않은 학년이지만 6학년을 맡아 보면 어떻겠느냐고. 학생 수가 적어서 완전학습이 가능하고, 무엇보다 진정한 제자가 생기니 이번 참에 해 보라고 설득을 했다.

그래서 어떻게 원하지도 않은 학년을 줄 수 있느냐고 펄펄 뛰었다. 1, 2지망이 안 되면 3지망에 해당하는 학년이라도 달라고.

우리 학교는 저·중·고로 돌아가면서 학년을 맡는다는 인사 원칙을 정했다. 누구는 저학년만 맡느니, 누구는 고학년만 맡느니 하는 불평을 없애기 위해서이다.

그런 면에서 보면 내가 몸담고 있는 학교가 교사들에게 거의 자율권을 주는, 앞서가는 학교임에는 틀림이 없는 것 같다.

그런 까닭에 학년 말이 되면 새학년도에 맡고 싶은 담임 신청을 1지망에서 3지망까지 받는다. 모두들 담임 배정 원칙을 알고 지원하기에 세 지망 중 하나는 걸리게 되어 있다.

하지만 그게 뜻대로 안 될 때가 있다. 이리저리 꿰어맞추다 보면 한둘은 원하지 않는 학년에 꼽히게 되기 때문이다. 그럴 때 관리자는 그 사람만 특별히 불러서 부탁을 한다. 이번 한 번만 양보하라고.

작년에는 후배가 자기가 가르친 아이들을 끌고 올라가야 하는 연임 케이스에 걸려서 입이 한 대빨은 나왔었는데, 이번에는 내가 원하지도 않는 학년을 배정받아 한동안 입이 퉁퉁 불어 있어야 했다.

6학년은 가족의 구성원으로 치면 책임감이 어깨를 짓누르는 맏이라고 할 수 있다. 식구들의 지나친 관심을 한 몸에 받는 맏이이기에 부담스럽기도 하거니와 각종 행사에 참여해야 할 일도 많다.

내가 맏이로 자랐기에 '장' 자가 갖는 부담을 너무도 잘 알고 있다. 바로 밑의 5학년은 같은 고학년이지만 형의 그늘 밑에서 책임질 필요가 없어서 차라리 맘이라도 편하다. 하지만 6학년은 학교의 얼굴마담으로 늘 모범을 보여야 한다는 압박감에 시달려야 한다.

하지만 그 막중한 무게만큼 보람의 크기 또한 비례해서 커짐은 두말할 나위가 없다. 만만찮은 나의 교직 생활 중에서 가르침의 추억은 모두 6학년에 몰려 있기 때문이다.

〈누가 우리 쌤 좀 말려 줘요〉라는 내 첫 창작동화도 6학년을 맡아 가르칠 때의 추억의 산물이다. 어촌에서 농촌에서 산촌에서의 애기는 모두 실제 일어난 일을 소재로 하여 다른 사건과 접목시켜서 탄생시킨 작품이다. 그래서 언젠가는 가르칠 맛 나는 6학년 담임을 해 보리라 늘 맘 속에 담고 있었다. 하고 싶은 학년이었지만 책임감에 피하고 싶은 이 이중성이라니.

초등교사 자격증을 가지고 있는 교사가 어느 학년은 되고 어느 학년은 안 된다는 것은 어폐가 있지만, 그래도 교사 나름의 개성이 있는지라 저학년에 적합한 선생님이 있고 고학년에 더 적합한 선생님이 있다.

내가 나를 스스로 평가할 때 나는 고학년에 더 적합한 선생님 쪽에 속한다. 따라다니면서 손톱만한 일까지 챙겨 줘야 하는 사소함의 극치를 달리는 저학년은 나의 단세포적인 생활 태도와는 거리가 멀다.

머릿속에 든 지식의 양보다 잡다하게 챙겨야 할 일이 더 많은 까닭에 건망증이 심한 내가 잔일을 놓치는 까닭이다. 아무리 내가 할 일을 메모지에 적어도 잔손가는 일은 당해낼 재간이 없다.

일일이 알림장 써 줘야 하고, 나눠 주는 유인물이 몇 장인지 확

인해야 하고, 매일매일 똑같은 말을 반복해야 하는 일은 난이도 높은 공부를 가르치는 일보다 더 어렵다. '몇 번을 말해야 알아듣니?' 라는 말이 먹히지 않는 저학년에겐 열을 내어 봤자 내 복장만 터진다.

하지만 저학년 아이들은 아무리 미운 짓을 해도 예쁘다. 착착착 감겨들기 때문이다. 저 먼 곳에서라도 선생님의 모습만 보이면 뛰어와서 안기기 바쁘다.

아무리 눈을 부릅뜨고 호통을 쳐도 아이들은 선생니임하면서 치맛자락을 잡고 놓아 주질 않는다. 그 맛에 피곤함도 눈 녹듯이 사라지고 함께 순수해진다.

하지만 고학년은 다르다. 착착 감기기는커녕 니멋 내멋도 없다. 하지만 내가 가지고 있는 지식을 몽땅 퍼부어 줄 수 있기에 가르칠 맛이 난다.

따끈따끈한 조간신문 기사를 소재로 삼고 그 어느 것으로 양념을 쳐도 척척척 받아들인다. 유인물을 챙겨 주지 않아도, 무엇을 빠트려도 자기네들이 다 알아서 해결하는 탓에 그런 사소한 것은 신경 안 써도 된다. 공부시간만 제대로 챙겨 주면 된다. 그래서 믿거니 한다.

부모님들도 마찬가지다. 저학년 때처럼 아무것도 아닌 일로 '우리 아이 어쩌면 좋을까요? 하면서 전전긍긍하는 모습은 볼 수 없다. 그저 멀리서 지켜보면서 그러려니 한다.

그래서 1학년이 되면 학부모도 선생님도 1학년이 되고, 6학년이 되면 학부모도 선생님도 6학년이 된다.

언젠가는 하고 싶었던 6학년 담임, 결과가 이렇게 되고 보니 내 맘 속의 소망을 어떻게 알고 미리 앞당겨 6학년 담임을 맡긴 게 아닌가 하는 생각이 든다.

아이들도 나도 6학년이 되었으니 이제는 눈높이를 맞추고 함께 공부해야 할 것 같다. 아이들은 중학생이 되는 예비공부를, 나는 못다 마친 대학원 공부와 멀리 했던 책들을 가까이 하는 계기가 되었으면 한다.

얘들아, 올해는 너희들도 6학년이고 나도 6학년이니 누가 더 공부 잘하나 내기하자. 체력에서는 너희들이 우세고, 지적 능력은 내가 좀 나으니까 출발선은 쌤쌤이다?

자, 목표 지점을 향해 출발~!

마지막 점을 찍으며…

알퐁스 도데의 마지막 수업

오 헨리의 마지막 잎새

마지막 황제 푸이

파리에서의 마지막 탱고…

마지막이라는 단 세 글자는, 왠지 숙연해야 할 것 같고, 비장해야 할 것 같고, 그래서 눈물까지 핑 돌게 만드는 대단한 위력을 가진 단어입니다.

두 번 다시 되돌아갈 수 없는 마지막이기에 더욱 감동으로 남고 안타까움으로 가슴을 아리게 합니다. 그래서 마지막이라는 단어만 붙으면 불후의 명작도 되고 가슴 속에 영원히 지워지지 않는 추억의 명화도 되는 모양입니다.

졸업하는 제자가 아닌 내가 되려 철철철 눈물을 흘리며 떠나보내야 했던, 폐교를 앞둔 시골학교의 마지막 졸업식이 그러했고, 이제는 볼 수 없을 거라며 사표를 내고 집안으로 들어가 버린 동료의 마지막 송별연이 그러했고, 종업식날 내 마음과는 다르게 희희낙락 통지표를 받아들고 가는 아이들의 뒷모습을 보면서 짠했던 내 마음이 그랬습니다. 이런 날은 내가 더 이네들을 사랑했구나 하는 마음에 밤새 잠 못 들었고 가슴이 처연해졌습니다.

기쁨보다는 슬픔의 감정을 더 자극하는 마지막이라는 손님은 이러하기에 절대 두 손 들어 맞이하고 싶지 않은, 반갑지 않은 손님입니다.

허나 늘 마지막은 숙명처럼 다가오고, 바늘과 실처럼 새로움은 마지막의 뒤를 따라다닙니다. 싫어도 마지막 날의 마침표는 찍어야 하고, 어설프지만 새로움의 시작은 기쁘게 맞이해야 합니다.

그래서 짧고 애닯기만 한 마지막 날은 바쁩니다. 몇 시간 뒤면 지금 존재하고 있는 현재가 다시는 돌아오지 못할 내 연대기의 한 줄로 사라지기에……

'초등학생 공부심리 – 꼭 읽어야 할 자녀교육 지침서!'
내가 더 사랑했던 제자들의 이야기가 녹아 있는 이 책의 평이 이렇게 기록되었으면 좋겠습니다.

아이들과 함께 한 글은, 늘 내 곁에 머무르면서 힘을 부여해 준 애인과 같은 존재였습니다. 아이들로 인해 매너리즘에 빠진 나의 글에 신선함을 불어넣을 수 있었고, 절제할 수 없는 감정을 잡아매둘 수 있었고, 첫 발령받았을 때처럼 교육에 대한 열정을 다시금 불러일으킬 수도 있었습니다.

내가 아이들과의 일화를 글로 써놓지 않았다면 나의 샘솟는 열정을, 불뚝불뚝 터져나오는 광기를 어디에 쏟아부었을까 싶습니다.

아이들은 순간순간 내게 가르침을 주었고, 고정관념을 깨트려 주었고, 비전있는 미래의 삶을 제시해 주었습니다.

내가 소중하게 간직하고 있는 추억을 아이들은 기억 못할 수도 있고, 내가 가르쳤다는 사실조차 잊고 있을지 모르지만, 나는 감히 말할 수 있겠습니다.

너희들로 인해 힘이 났고, 너희들로 인해 환하게 웃었고, 너희들로 인해 짱행복했노라고…….

희망의 속담 한 마디

정명숙

힘들고 지칠 때 떠올려 보세요
따뜻한 희망의 속담 한 마디
추억의 책갈피에 간직해 두었다가
힘겨울 때 꺼내어 크게 외쳐 보세요

하늘이 무너져도 솟아날 구멍 있고
호랑이에게 물려가도 정신만 차리면 산단다
열 번 찍어 안 넘어가는 나무 없으며
쥐구멍에도 볕들 날은 반드시 있단다

초판 1쇄 인쇄 | 2011년 1월 5일
초판 1쇄 발행 | 2011년 1월 15일

지은이 | 정명숙

펴낸이 | 남주현
펴낸곳 | 채운북스(자매사 채운어린이)
주소 | 서울시 마포구 창전동 5-11 3층(우 121-190)
전화 | 02-3141-4711(편집부) 02-325-4711(마케팅부)
팩스 | 02-3143-4711
전자우편 | chaeun1999@empas.com

ISBN 978-89-94608-06-8 (13370)
*잘못된 책은 구입하신 서점에서 바꾸어 드립니다.